Ein Band der Tusculum - Bücher

Apuleius: Amor und Psyche

Musaios: Hero und Leander

Urtext mit Übertragung

von Herbert Ronge

Ernst Heimeran Verlag in München 1939

*Umschlag nach einem pompeianischen Wandgemälde im
Museo Nazionale Neapel. (Aufn. Alinari) Titelvignette
nach Karl Kärcher (1825): Amor fesselt Psyche*

L. Apuleii

fabula de

Psyche et Cupidine

ERANT in quadam civitate rex et regina. hi tres numero filias forma conspicuas habuere. sed maiores quidem natu quamvis gratissima specie, idonee tamen celebrari posse laudibus humanis credebantur; at vero puellae iunioris tam praecipua, tam praeclara pulchritudo nec exprimi ac ne sufficienter quidem laudari sermonis humani penuria poterat. multi denique civium et advenae copiosi, quos eximii spectaculi rumor studiosa celebritate congregabat, inaccessae formonsitatis admiratione stupidi et admoventes oribus suis dexteram primore digito in erectum pollicem residente ut ipsam prorsus deam Venerem religiosis adorationibus venerabantur. iamque proximas civitates et attiguas regiones fama pervaserat deam, quam caerulum profundum pelagi peperit et ros spumantium fluctuum educavit, iam numinis sui passim tributa venia in mediis conversari populi coetibus, vel certe rursum novo caelestium stillarum germine non maria, sed terras Venerem aliam virginali flore praeditam pullulasse. sic immensum procedit in dies opinio, sic insulas iam proxi-

ES WAREN EINMAL ein König und eine Königin. Die hatten drei wunderschöne Töchter. Während die Anmut der beiden älteren sich noch mit Worten beschreiben ließ, war die Schönheit der jüngsten über alles Lob erhaben. Die menschliche Sprache war zu arm, um soviel Liebreiz zu verherrlichen. Die Kunde von ihrer außergewöhnlichen Schönheit lockte viele Untertanen und auch zahlreiche angesehene Fremde immer wieder in die Stadt. Wenn sie das Mädchen sahen, gerieten sie derart außer sich vor Begeisterung, daß sie ihr göttliche Verehrung erwiesen, als ob sie die Göttin Venus selber wäre. Sie warfen ihr Kußhände zu, wie sie nur Göttinnen zukamen, indem sie den Zeigefinger auf den ausgestreckten Daumen legten und so die Hand zum Munde führten. In allen umliegenden Städten und Ländern verbreitete sich die Mär: Die Göttin, die aus der unendlichen Tiefe des Meeres geboren und vom Tau schäumender Wogen genährt ward, wandle sichtbar unter den Menschen und gewähre allen huldvoll den Anblick ihrer Majestät. Es scheine, als habe die Erde wie vordem das Meer durch den Einfluß himmlischer Gestirne eine neue Venus hervorgebracht. Die Kunde drang täglich weiter und kam so zu den entferntesten

mas et terrae plusculum provinciasque plurimas fama porrecta pervagatur. iam multi mortalium longis itineribus atque altissimis maris meatibus ad saeculi specimen gloriosum navigabant. Paphon nemo, Cnidon nemo, ac ne ipsa quidem Cythera ad conspectum deae Veneris navigabant. sacra diae praetereuntur, templa deformantur, pulvinaria perteruntur, caerimoniae negleguntur, incoronata simulacra et arae viduae frigido cinere foedatae. puellae supplicatur et in humanis vultibus deae tantae numina placantur et in matutino progressu virginis victimis et epulis Veneris absentis numen propitiatur iamque per plateas commeantem populi frequentes floribus sertis et solutis adprecantur.

Haec honorum caelestium ad puellae mortalis cultum immodica translatio verae Veneris vehementer incendit animos et impatiens indignationis capite quassanti fremens altius sic secum disserit „en rerum naturae prisca parens, en elementorum origo initialis, en orbis totius alma Venus, quae cum mortali puella partiario maiestatis honore tractor et nomen meum caelo conditum terrenis sordibus profanatur! nimirum communi numinis piamento vicariae venerationis incertum sustinebo et imaginem meam circumferet puella moritura. frustra me pastor ille, cuius iustitiam fidemque magnus com-

Ländern und Inseln. Viele Menschen reisten jetzt über Land und Meer, um das schönste Wesen des Jahrhunderts zu schauen. Niemand fuhr mehr nach Paphos, niemand mehr nach Knidos, selbst nicht nach Cythera an die heiligen Stätten der Venus. Man opferte der Göttin nicht mehr, ihre Tempel verfielen, die Polster für das Götterbild zerschlissen. Kein Gottesdienst fand mehr statt; unbekränzt blieben die Bildsäulen der Göttin, und die Asche auf den verwaisten Altären war erkaltet. Dafür betete man die Königstochter an und verehrte in ihr die mächtige Göttin. Wenn sie morgens erschien, brachte man ihr das Opfer und das Göttermahl dar, das eigentlich der Venus zukam. Schritt sie durch die Straßen, streuten ihr die Menschen Blumen auf den Weg und schmückten sie mit Kränzen.

Es erregte den Zorn der wirklichen Venus, daß man göttliche Ehren so maßlos an ein irdisches Wesen verschwendete. Sie vermochte ihren Unwillen nicht zu unterdrücken und zitternd vor Erregung sprach sie zu sich: Wie? Ich, die Erweckerin alles Lebens in der Natur und die Liebesgöttin der ganzen Erde, soll meine Hoheitsrechte mit einer Sterblichen teilen und meinen im Himmel geheiligten Namen auf der Erde entweihen lassen? Ich soll in Zukunft gemeinsam mit einem Menschenkinde göttliche Verehrung genießen und dadurch an Ansehen bei den Menschen verlieren? Umsonst hätte mir dann ja Paris, dessen gerechten Sinn und dessen Zuverlässigkeit der große Jupiter bestätigt hat, vor Hera und Athene den

probavit Iuppiter, ob eximiam speciem tantis praetulit
deabus. sed non adeo gaudens ista quaecumque est meos
honores usurparit; iam faxo huius eam ipsius illicitae
formonsitatis paeniteat". et vocat confestim puerum
suum pinnatum illum et satis temerarium, qui malis suis
moribus contempta disciplina publica flammis et sagittis
armatus per alienas domus nocte discurrens et omnium
matrimonia corrumpens impune committit tanta flagitia
et nihil prorsus boni facit. hunc quamquam genuina licen-
tia procacem verbis quoque insuper stimulat et perducit
ad illam civitatem et Psychen — hoc enim nomine puella
nuncupabatur — coram ostendit et tota illa perlata de
formonsitatis aemulatione fabula gemens ac fremens in-
dignatione „per ego te" inquit „maternae caritatis foe-
dera deprecor, per tuae sagittae dulcia vulnera, per flam-
mae istius mellitas uredines vindictam tuae parenti,
sed plenam tribue et in pulchritudinem contumacem
severiter vindica idque unum et pro omnibus unicum vo-
lens effice. virgo ista amore fraglantissimo teneatur ho-
minis extremi, quem et dignitatis et patrimonii simul
incolumitatis ipsius fortuna damnavit, tamque infirmi,
ut per totum orbem non inveniat miseriae suae compa-
rem". sic effata et osculis hiantibus filium diu ac pressule
saviata proximas oras reflui litoris petit plantisque ro-

Preis der Schönheit zuerkannt! Nein! Wer sie auch sei, sie darf sich nicht lange mehr der Ehren erfreuen, die sie sich anmaßt; sie soll es bald bereuen, daß sie so verführerisch schön ist! Sogleich rief sie ihren Sohn, jenen geflügelten, verwegenen Burschen, der mit seinem verderbten Charakter aller Zucht und Ordnung spottete. Mit Fakkeln und Pfeilen bewaffnet lief er nachts durch die Häuser der Menschen, störte den Frieden der Ehen und beging ungestraft die größten Schandtaten. Gutes brachte er überhaupt nicht zuwege. Ihn, der schon immer ein nichtsnutziger Tunichtgut war, reizte sie jetzt mit ihren Reden zu weiteren Bosheiten. Sie führte ihn in die Stadt, in der Psyche – so hieß die Königstochter – lebte, zeigte ihm das Mädchen und erzählte ihm die ganze Geschichte von Psyches Nebenbuhlerschaft. Voll Unmut klagte sie:

„Bei der Mutterliebe, die ich für dich empfinde, bei den süßen Wunden, die dein Pfeil hinterläßt, bei deiner Fackel loderndem Feuerbrand beschwöre ich dich: Räche deine Mutter, aber gründlich und bestrafe aufs strengste die widerspenstige Schöne. Erfülle mir vor allem diesen einzigen Wunsch! Laß das Mädchen in leidenschaftlicher Liebe entbrennen zu einem ganz einfachen Manne, dem das Schicksal Ehre, Gut und Gesundheit genommen hat. Er möge so erbärmlich sein, daß man auf der ganzen Erde seinesgleichen nicht findet!" Nach diesen Worten umarmte sie lange unter heißen Küssen den Sohn und eilte nach dem nahen Gestade des Meeres. Mit ihren rosig schimmernden Füßen schwebte sie über dem Schaum sich kräu-

*seis vibrantium fluctuum summo rore calcato ecce iam
profundum maris sudo resedit vertice. et ipsum quod incipit velle, ei statim, quasi pridem praeceperit, non mora-
tur marinum obsequium. adsunt Nerei filiae chorum ca-
nentes et Portunus caerulis barbis hispidus et gravis pis-
coso sinu Salacia et auriga parvulus delphini Palaemon.
iam passim maria persultantes Tritonum catervae, hic
concha sonaci leniter bucinat, ille serico tegmine flagran-
tiae solis obsistit inimici, alius sub oculis dominae specu-
lum progerit, currus biiuges alii subnatant. talis ad
Oceanum pergentem Venerem comitatur exercitus.*

*Interea Psyche cum sua sibi perspicua pulchritudine
nullum decoris sui fructum percipit. spectatur ab omnibus, laudatur ab omnibus nec quisquam non rex, non
regius nec de plebe saltem cupiens eius nuptiarum pe-
titor accedit. mirantur quidem divinam speciem, sed ut
simulacrum fabre politum mirantur omnes. olim duae
maiores sorores, quarum temperatam formonsitatem nulli
diffamarant populi, procis regibus desponsae iam beatas
nuptias adeptae sunt. Psyche virgo vidua domi residens
deflet desertam suam solitudinem aegra corporis, animi
saucia et quamvis gentibus totis complacitam odit in se
suam formonsitatem. sic infortunatissimae filiae miser-*

selnder Wogen dahin. Kaum hatte sie sich auf dem heiteren Meeresspiegel niedergelassen, da waren, als hätte sie es vorher so bestimmt, alle Gottheiten des Meeres bei ihr, die Töchter des Nereus, ein Lied singend, Protunus, struppig und mit bläulich scheinendem Bart, Salacia, den Schoß von Fischen schwer und Palaemon, der winzige Beherrscher der Delphine. Scharen von Tritonen tummelten sich im Meere; der eine blies sanft auf einer lieblich tönenden Muschel, ein anderer schützte sich mit einem seidenen Schirm gegen die sengenden Strahlen der Sonne, ein dritter hielt der Herrin den Spiegel vor, und einige von ihnen hielten schwimmend den zweispännigen Wagen. Mit solchem Gefolge fuhr Venus zum Palast des Okeanus.

Psyche aber hatte von ihrer auffallenden Schönheit keinen Gewinn. Alle bewunderten sie, jedermann schmeichelte ihr; aber kein König, kein Fürstensohn, auch nicht ein Mann aus dem Bürgerstand warb um sie und begehrte sie zur Gemahlin. Man staunte ihre göttliche Erscheinung an, doch sah man in ihr nur das Bild, das die Hand eines Meisters geschaffen hatte. Ihre beiden Schwestern, deren alltägliche Erscheinung niemand weiter gepriesen hatte, hatten sich bereits mit Königen vermählt und führten eine glückliche Ehe. Psyche dagegen saß unverheiratet im Vaterhaus und beweinte ihre Einsamkeit. Sie wurde krank an Leib und Seele; ihre Schönheit, die die Bewunderung der ganzen Welt erregt hatte, wurde ihr verhaßt. Auch der Vater grämte sich über das Unglück seiner Tochter;

rimus pater suspectatis caelestibus odiis et irae superum metuens dei Milesii vetustissimum percontatur oraculum et litato numine precibus et victimis ingratae virgini petit nuptias et maritum. sed Apollo quamquam Graecus et Ionicus propter Milesiae conditorem sic Latina sorte respondit:

Montis in excelsi scopulo, rex, siste puellam

ornatam mundo funerei thalami.

nec speres generum mortali stirpe creatum,

sed saevum atque ferum vipereumque malum,

qui pinnis volitans super aethera cuncta fatigat

flammque et ferro singula debilitat.

quo tremit ipse Iovis, quo numina terrificantur,

flumina quem horrescunt et Stygiae tenebrae.

Rex olim beatus affatu sanctae vaticinationis accepto piger tristisque retro domum pergit suaeque coniugi praecepta sortis enodat infaustae. maeretur, fletur, lamentatur diebus plusculis. sed dirae sortis iam urget taeter

er vermutete, irgendeine Gottheit verfolge sie mit ihrem Haß und Zorn. Daher befragte er das uralte Orakel Apolls in Milet und hoffte durch Gebet und Opfer den Gott zu bestimmen, einen Gatten für die unvermählt gebliebene Tochter zu nennen. Apoll gab, obwohl er eigentlich Grieche ist, dem Verfasser des milesischen Märchens zuliebe den Bescheid in lateinischer Sprache:

„König, bring' auf den Gipfel des mächtigen Berges
die Tochter
in einem Trauerkleid und doch wie zur Hochzeit geschmücket.
Keinen Sterblichen hoffe als Schwiegersohn je zu begrüßen,
Sondern ein grausiges Untier wird frei'n deine liebliche Tochter.
Mit seinen Schwingen fliegt's durch die Lüfte und ängstigt die Menschen;
Niemand ist sicher vor seinem Pfeil und der lodernden Fackel.
Jupiter zittert vor ihm, seine Bosheit fürchten die Götter,
Vor ihm beben die Flüsse; die Unterwelt setzt es in Schrecken.

Nachdem der König den Bescheid erhalten hatte, kehrte er langsam und traurig nach Hause zurück und erzählte der Königin von dem schrecklichen Spruch des heiligen Orakels. Sein Glück war dahin. Ein Weinen und Jammern hob an; das hörte nimmer auf. Bald kam die Zeit

*effectus. iam feralium nuptiarum miserrimae virgini cho-
ragium struitur, iam taedae lumen atrae fuliginis cinere
marcescit et sonus tibiae zygiae mutatur in querulum Ly-
dium modum cantusque laetus hymenaei lugubri finitur
ululatu et puella nuptura deterget lacrimas ipso suo flam-
meo. sic affectae domus triste fatum cuncta etiam civitas
congemebat luctuque publico confestim congruens edicitur
iustitium. sed monitis caelestibus parendi necessitas misellam Psychen ad destinatam poenam efflagitabat. per-
fectis igitur feralis thalami cum summo maerore sollem-
nibus toto prosequente populo viam producitur funus et
lacrimosa Psyche comitatur non nuptias, sed exsequias
suas. ac dum maesti parentes et tanto malo perciti nefa-
rium facinus perficere cunctantur, ipsa illa filia talibus
adhortatur vocibus „quid infelicem senectam fletu diutino cruciatis? quid spiritum vestrum, qui magis meus
est, crebris eiulatibus fatigatis? quid lacrimis inefficaci-
bus ora mihi veneranda foedatis? quid laceratis in vestris
oculis mea lumina? quid canitiem scinditis? quid pectora,
quid ubera sancta tunditis? haec sunt vobis egregiae formonsitatis meae praeclara praemia! invidiae nefariae le-*

heran, da die Weisungen des Orakels ausgeführt werden mußten. Man traf deswegen Vorbereitungen für die traurige Hochzeit des unglücklichen Mädchens. Matt und düster flackerten die Hochzeitsfackeln, der Ton der Hochzeitsflöte wandelte sich in eine klagende Weise, der fröhliche Hochzeitsgesang endete traurig wie ein Klagelied, und die Braut netzte ihren feuerroten Schleier mit ihren Tränen. Das schlimme Geschick der schwergeprüften Königsfamilie erregte das Mitgefühl der Stadt; die Trauer war allgemein, und das ganze Geschäftsleben stockte. Die Notwendigkeit, dem göttlichen Gebot zu gehorchen, erforderte, Psyche zu dem vorbestimmten Ort zu bringen. Sobald daher die traurige Hochzeitsfeier stattgefunden hatte, führte man sie mehr tot als lebendig aus der Stadt. Das ganze Volk gab ihr das Geleit, und weinend folgte sie nicht als wenn sie zu ihrer Hochzeit, sondern zu ihrer Beerdigung ginge. Ihre Eltern von tiefem Leid gebeugt zögerten, die Tochter dem Unhold zu überantworten. Sie aber sprach ihnen Mut zu: „Warum jammert ihr auf eure alten Tage so sehr? Warum verkürzt ihr euer Leben durch dauerndes Wehklagen? Die Sache geht mich doch mehr an als euch. Warum entstellt ihr euer geliebtes Antlitz durch nutzloses Weinen? Es tut meinen Augen weh, eure Tränen zu sehen. Haltet ein, euch vor Verzweiflung die Haare zu raufen und die Brust zu zerschlagen! Wird euch doch nun der rechte Lohn für meine große Schönheit zuteil! Zu spät fühlt ihr die tödliche Wunde, die euch der leidige Neid geschlagen

*tali plaga percussi sero sentitis. cum gentes et populi cele-
brarent nos divinis honoribus, cum novam me Venerem
ore consono nuncuparent, tunc dolere, tunc flere, tunc me
iam quasi peremptam lugere debuistis. ducite me et cui
sors addixit scopulo sistite! festino felices istas nuptias
obire, festino generosum illum maritum meum videre. quid
differo, quid detrecto venientem, qui totius orbis exitio
natus est?"*

*Sic profata virgo conticuit ingressuque iam valido pom-
pae populi prosequentis sese miscuit. itur ad constitutum
scopulum montis ardui, cuius in summo cacumine statutam
puellam cuncti deserunt taedasque nuptiales quibus prae-
luxerant ibidem lacrimis suis extinctas relinquentes de-
iectis capitibus domuitionem parant. et miseri quidem
parentes eius tanta clade defessi clausae domus abstrusi
tenebris perpetuae nocti sese dedidere. Psychen autem pa-
ventem ac trepidantem et in ipso scopuli vertice deflen-
tem mitis aura molliter spirantis zephyri vibratis hinc
inde laciniis et reflato sinu sensim levatam suo tranquillo
spiritu vehens paulatim per devexa rupis excelsae vallis
subditae florentis caespitis gremio leniter delapsam re-
clinat. Psyche teneris et herbosis locis in ipso toro roscidi
graminis suave recubans tanta mentis perturbatione se-
data dulce conquievit.*

hat. *Damals als das Volk und auch fremde Menschen mir göttliche Ehren erwiesen und mich einstimmig die neue Venus nannten, da hättet ihr klagen und mich als eine Todgeweihte beweinen sollen. Nun merke ich es, daß Venus mein Unglück ist. Bringt mich fort und stellt mich auf den Gipfel, wie es das Orakel befohlen hat. Mich treibt es, meine Hochzeit zu feiern, mich verlangt es, meinen edlen Gemahl zu erblicken. Warum zögere ich noch, warum halte ich den hin, der geschaffen ist, die Menschen zu verderben?«*

Nach diesen Worten verstummte Psyche und mischte sich festen Schrittes unter die Menge, die mit ihr auszog. Man ging zu dem angegebenen Berge, führte Psyche oben auf den Gipfel und ließ sie da ganz allein. Die Hochzeitsfackeln, die ihr auf dem Wege vorangeleuchtet hatten, brachte die Menge mit ihren Tränen zum Verlöschen. Dann machte sie sich gesenkten Hauptes auf den Heimweg. Die Eltern Psyches waren von dem Schicksalsschlag schwer getroffen; sie schlossen sich in ihrem Palast ein und verbrachten ihre Tage im Dunkeln. Psyche aber stand voll banger Erwartung auf dem Gipfel; sie zitterte und weinte bitterlich. Da hob sie der sanfte Hauch des Zephyrs langsam empor; er spielte mit dem Saum ihres Gewandes und bauschte die Falten auf. So trug er sie ruhig über den steilen Abhang und legte sie behutsam drunten im Tale nieder. Hier schlief sie sanft gebettet auf einem weichen Lager im betauten Grase frei von quälender Unruhe ein.

Iamque sufficienti recreata somno placido resurgit animo. videt lucum proceris et vastis arboribus consitum, videt fontem vitreo latice perlucidum medio luci meditullio. prope fontis allapsum domus regia est aedificata non humanis manibus, sed divinis artibus. iam scies ab introitu primo dei cuiuspiam luculentum et amoenum videre te deversorium. nam summa laquearia citro et ebore curiose cavata subeunt aureae columnae. parietes omnes argenteo caelamine conteguntur bestiis et pecudibus occurrentibus ob os introeuntium. mirus prorsum homo, immo semideus vel certe deus, qui magnae artis subtilitate tantum efferavit argentum. enimvero pavimenta ipsa lapide pretioso caesim deminuto in varia picturae genera discriminantur. vehementer iterum ac saepius beatos illos, qui super gemmas et monilia calcant! iam ceterae partes longe lateque dispositae domus sine pretio pretiosae totique parietes solidati massis aureis splendore proprio coruscant, ut diem suum sibi domus faciat licet sole nolente. sic cubicula, sic ipsae balneae fulgurant. nec setius opes ceterae maiestati domus respondent, ut equidem illud recte videatur ad conversationem humanam magno Iovi fabricatum caeleste palatium.

Invitata Psyche talium locorum oblectatione proprius

Nach einem langen, erquickenden Schlaf erwachte sie und stand heiteren Sinnes auf. Da sah sie vor sich einen Hain mit hohen mächtigen Bäumen; eine kristallklare Quelle wand sich zwischen den Stämmen hindurch. Nahe der rieselnden Quelle erhob sich ein Palast, der nicht von Menschenhand erbaut sein konnte. Wer ihn betrat, sah sofort, daß hier ein Gott wohnen mußte. Die gewölbte Decke ruhte auf goldenen Säulen; sie war getäfelt und mit Zedernholz und Elfenbein sorgsam ausgelegt. Die Wände zeigten Darstellungen von wilden und zahmen Tieren in erhabener Silberarbeit; die Tiere schienen dem Eintretenden fast entgegenzuspringen. Nur ein Zauberer oder ein Halbgott oder gar ein Gott konnte es gewesen sein, der solche Tiere aus Silber gestaltet hatte. Sogar der Fußboden war aus kleinen kostbaren Steinen in den köstlichsten Farben zusammengesetzt, so daß herrliche Bilder entstanden. Über alle Maßen glücklich zu preisen waren die, deren Fuß über solche Kostbarkeiten schreiten durfte. Die übrigen Räume des weitläufigen Palastes zeigten den gleichen Reichtum. Die Wände waren mit gediegenem Golde überzogen; sie erstrahlten in einem derartigen Glanze, daß auch ohne Sonnenschein die Gemächer und Gänge, ja selbst die Bäder taghell waren. Auch alle übrigen Dinge entsprachen der Pracht des Hauses; darum konnte man denken, der große Jupiter habe sich diese unvergleichlich schöne Wohnung erbauen lassen, um hier Umgang mit den Menschen zu pflegen.

Die Schönheit der Stätte zog Psyche an, und sie trat

accessit et paulo fidentior intra limen sese facit. mox prolectante studio pulcherrimae visionis miratur singula et
altrinsecus aedium horrea sublimi fabrica perfecta ma-
gnisque congestis gazis conspicit. nec est quicquam quod ibi
non est. sed praeter ceteram tantarum divitiarum admi-
rationem hoc erat praecipue mirificum, quod nullo vin-
culo, nullo claustro, nullo custode totius orbis thesaurus
ille muniebatur. haec ei summa cum voluptate visenti of-
fert sese vox quaedam corporis sui nuda et „quid" inquit „domina tantis obstupescis opibus? tua sunt haec
omnia. prohinc cubiculo te refer et lectulo lassitudinem re-
fove et ex arbitrio lavacrum pete! nos, quarum voces ac-
cipis, tuae famulae sedulo tibi praeministrabimus. nec
corporis curatae tibi regales epulae morabuntur." sensit
Psyche divinae providentiae beatitudinem monitusque voces informes audiens et prius somno et mox lavacro fati-
gationem sui diluit visoque statim proximo semirotundo
suggestu propter instrumentum cenatorium rata refectui
suo commodum libens accumbit. et ilico vini nectarei edu-
liumque variorum fercula copiosa nullo serviente, sed tantum spiritu quodam impulsa subministrantur. nec quem-
quam tamen illa videre potuit, sed verba tantum audiebat
excidentia et solas voces famulas habebat. post opimas
dapes quidam introcessit et cantavit invisus et alius ci-

näher. *Bald faßte sie Zutrauen und wagte sich hinein.*
Neugier trieb sie voran, und so ging sie staunend durch
alle Räume. Sie suchte auch die Vorratsräume auf, die
kunstvoll angelegt viele Schätze bargen. Es gab nichts,
was dort nicht zu finden gewesen wäre. Am meisten setzte
sie in Erstaunen, daß all der Reichtum nicht hinter
Schloß und Riegel war und auch nicht bewacht wurde.
Als sie die Kostbarkeiten immer wieder mit Wonne be-
trachtete, sprach auf einmal eine geisterhafte Stimme zu
ihr: „Gebieterin, warum bewunderst du diese reichen
Schätze? Sie gehören dir. Geh jetzt in dein Gemach, um
zu ruhen; nimm dann ein Bad, wenn du willst. Ich, deren
Stimme du vernimmst, und viele meinesgleichen stehen in
deinen Diensten und werden dir eifrig aufwarten. Hast
du dich durch Schlaf und Bad erfrischt, so wartet auf
dich eine köstliche Tafel." Dankbar empfand Psyche die
Gnade göttlicher Vorsehung. Sie folgte dem Rate der ge-
heimnisvollen Stimme und stärkte sich durch tiefen Schlaf
und ein erquickendes Bad. Dann setzte sie sich auf ein
halbrundes Ruhebett, das eigens für sie dazustehen schien,
um dort das Essen einzunehmen. Sofort wurden eine
Reihe herrlichster Gerichte und erlesenster Weine aufge-
tragen; niemand brachte sie, wie von einem Hauch ge-
tragen schwebten sie herbei. Keine Dienerin war zu sehen;
nur einzelne Laute waren hin und wieder zu hören. Nach-
dem sie gespeist hatte, trat jemand auf und sang ein Lied,
eine Zither begleitete den Gesang. Es waren aber weder
der Sänger, noch die Zither und der Zitherspieler zu

tharam pulsavit, quae videbatur nec ipsa. tunc modulatae multitudinis conferta vox aures eius affertur, ut, quamvis hominum nemo pareret, chorus tamen esse pateret. finitis voluptatibus vespera suadente concedit Psyche cubitum. iamque provecta nocte clemens quidam sonus aures eius accedit. tunc virginitati suae pro tanta solitudine metuens et pavet et horrescit et quovis malo plus timet quod ignorat. iamque aderat ignobilis maritus et torum inscenderat et uxorem sibi fecerat Psychen et ante lucis exortum propere dicesserat. statim voces cubiculo praestolatae novam nuptam interfectae virginitatis curant. haec diutino tempore sic agebantur. atque ut est natura redditum, novitas per assiduam consuetudinem delectationem ei commendarat et sonus vocis incertae solitudinis erat solacium.

Interea parentes eius indefesso luctu atque maerore consenescebant latiusque porrecta fama sorores illae maiores cuncta cognorant propereque maestae atque lugubres deserto lare certatim ad parentum suorum conspectum affatumque perrexerant. ea nocte ad suam Psychen sic infit maritus — namque praeter oculos et manibus et auribus is nihilo setius sentiebatur — „Psyche dulcissima et cara uxor, exitiabile tibi periculum minatur fortuna saevior,

sehen. Dann ließen sich zahlreiche wohlklingende Stimmen hören, die im Chor sangen. Wieder war niemand zu sehen. Nach all diesen Genüssen ging Psyche endlich schlafen, die Nacht mahnte dazu. Tief in der Nacht drang ein leiser Ton an ihr Ohr. Da erschrak sie und schauderte zusammen. In ihrer Einsamkeit war ihr um ihre Unschuld bange. Sie wußte zwar nicht, wovor sie sich eigentlich fürchtete, aber desto größer war ihre Furcht. Siehe! Es war ihr unbekannter Gemahl. Er bestieg das Brautbett und machte sie zu seinem Weibe. Noch vor Tagesanbruch enteilte er. Kaum war er fort, da erschienen schon die unsichtbaren Dienerinnen, um die junge Frau zu bedienen. Dies Leben ging so eine lange Zeit fort. Allmählich wurde Psyche, wie es meistens geht, das Ungewohnte zur süßen Gewohnheit, und sie fand Gefallen an dem neuen Leben. Die Gespräche mit den unsichtbaren Stimmen aber waren ihr ein Trost in ihrer Verlassenheit.

Inzwischen ergrauten ihre Eltern; zu lange währten Schmerz und Leid. Die Kunde von dem Orakel und seiner Erfüllung hatte sich weiter verbreitet und war auch zu Psyches Schwestern gedrungen. Sofort verließen diese traurig ihren Palast und eilten zu den Eltern, um sie zu sehen und zu trösten. In derselben Nacht sprach Psyches Gemahl, den sie nie von Angesicht sah, sondern nur fühlte und hörte: „Geliebte Psyche, mein süßes Weib! Ein böses Schicksal bedroht dich und bringt dich in Todesgefahr. Ich bitte dich, sei auf der Hut! Deine Schwestern halten

quod observandum pressiore cautela censeo. sorores iam tuae mortis opinione turbatae tuumque vestigium requirentes scopulum istum protinus aderunt. quarum siquas forte lamentationes acceperis, neque respondeas immo nec prospicias omnino. ceterum mihi quidem gravissimum dolorem, tibi vero summum creabis exitium." annuit et ex arbitrio mariti se facturam spopondit. sed eo simul cum nocte dilapso diem totum lacrimis ac plangoribus misella consumit se nunc maxime prorsus perisse iterans, quae beati carceris custodia saepta et humanae conversationis colloquio viduata nec sororibus quidem suis de se maerentibus opem salutarem ferre ac ne videre eas quidem omnino posset. nec lavacro nec cibo nec ulla denique refectione recreata flens ubertim decessit ad somnum. nec mora cum paulo maturius lectum maritus accubans eamque etiam nunc lacrimantem complexus sic expostulat ,,haecine mihi pollicebare, Psyche mea? quid iam de te tuus maritus exspecto? quid spero? et perdia et pernox nec inter amplexus coniugales desinis cruciatum. age iam nunc ut voles et animo tuo damnosa poscenti pareto! tantum memineris meae seriae monitionis, cum coeperis sero paenitere." tunc illa precibus et dum se morituram comminatur extorquet a marito, cupitis adnuat, ut sorores videat, luctus mulceat, ora conferat. sic ille novae nuptae precibus

dich für tot und sind darob schier von Sinnen. Sie verfolgen deine Spur und werden bald auf dem Gipfel des Berges sein. Hörst du ihr Schreien und Wehklagen, antworte ihnen nicht. Kümmere dich überhaupt nicht um sie; sonst bereitest du mir den größten Schmerz und stürzt dich selbst ins tiefste Unglück." Sie nickte dazu und versprach, sich so zu verhalten, wie er es gewünscht hatte. Aber kaum war er gegen Morgen von ihr gegangen, brach sie in bittere Tränen aus und klagte den ganzen Tag: „Jetzt ist es erst wirklich aus mit mir! Ich sitze zwar in einem goldenen Gefängnis, muß dafür aber jeden Verkehr mit Menschen entbehren. Selbst meine Schwestern, die sich um mich grämen, darf ich nicht trösten, ja, nicht einmal sehen." Sie aß und trank nicht mehr. Sie nahm auch kein Bad, sondern gab sich ganz ihrem Kummer hin. Schließlich legte sie sich schlafen. Früher als gewöhnlich kam ihr Gemahl; er liebkoste sie, aber sie weinte auch jetzt noch weiter. Da sprach er verweisend: „Wie, meine Psyche, hältst du so dein Versprechen? Was kann ich von dir erwarten, was erhoffen, wenn du Tag und Nacht, selbst noch in meinen Armen, in Tränen zerfließt? Nein, lieber mach, was du willst; tu, was dir dein Herz eingibt. Aber du wirst sehen, es ist nicht zu deinem Besten. Du wirst einst in bitterer Reue an mich denken, wenn es zu spät ist." Flehentlich bat sie ihn: „Laß mich meine Schwestern sehen, sie herzen und trösten. Sonst muß ich sterben." Auf diese Weise brachte sie ihn dazu, ihren Wunsch zu erfüllen; er gestattete ihr sogar, den

veniam tribuit et insuper quibuscumque vellet eas auri
vel monilium donare concessit. sed identidem monuit ac
saepe terruit, ne quando sororum pernicioso consilio suasa
de forma mariti quaerat neve se sacrilega curiositate de
tanto fortunarum suggestu pessum deiciat nec suum pos-
tea contingat amplexum. gratias egit marito iamque lae-
tior animo „sed prius" inquit „centies moriar, quam tuo
isto dulcissimo connubio caream. amo enim et efflictim
quicumque es diligo atque ut meum spiritum nec ipsi
Cupidini comparo. sed istud etiam meis precibus, oro,
largire et illi tuo famulo zephyro praecipe, simili vectura
sorores huc mihi sistat." et imprimens oscula suasoria et
ingerens verba mulcentia et iungens membra cogentia haec
etiam blanditiis astruit „mi mellite, mi marite, tuae
Psychae dulcis anima." vi ac potestate Venerii susurrus
invitus succubuit maritus et cuncta se facturum spopondit
atque iam luce proximante de manibus uxoris evanuit.

At illae sorores percontatae scopulum locumque illum,
quo fuerat Psyche deserta, festinanter adveniunt ibique
deflebant oculos et plangebant ubera, quoad crebris earum
eiulatibus saxa cautesque parilem sonum resultarent.
iamque nomine proprio sororem miseram ciebant, quoad
sono penetrabili vocis ululabilis per prona delapso amens
et trepida Psyche procurrit e domo et „quid" inquit „vos
miseris lamentationibus nequiquam effligitis? quam lu-

Schwestern soviel Goldgeschmeide und Edelsteine zu schenken, wie sie wollte. Aber er warnte sie immer wieder, sich nicht von ihnen dazu verleiten zu lassen, nach seiner wahren Gestalt zu forschen. Ihre sträfliche Neugier würde sie von der Höhe ihres Glückes stürzen und sie für immer aus seinen Umarmungen reißen. Sie dankte ihm für seine Güte und erwiderte froheren Sinnes: „Lieber will ich hundertmal sterben als deine süße Umarmung entbehren. Wer du auch sein magst, ich liebe dich glühend wie mein eigenes Leben. Ich ziehe dich sogar dem Liebesgott vor. Erfülle mir bitte nur noch diesen einen Wunsch! Befiehl dem Zephyr, daß er meine Schwestern auf dieselbe Art wie mich hierher bringt." Sie umarmte ihn trotz seines Sträubens, küßte ihn leidenschaftlich und flüsterte ihm zärtliche Liebesworte ins Ohr: „Meine Wonne, mein geliebter Gatte, du süße Seele deiner Psyche." Der verführerischen Macht solchen Liebesgeflüsters unterlag er wider Willen und versprach, alle ihre Wünsche zu erfüllen. Beim Morgengrauen verließ er sie dann wieder.

Die Schwestern hatten den Felsen ausgekundschaftet und begaben sich eiligst an den Platz, wo Psyche allein zurückgeblieben war. Dort weinten sie sich die Augen rot und schlugen sich jammernd an die Brust, so daß die Felsen von ihrem Klagegeschrei widerhallten. Schließlich riefen sie den Namen ihrer unglücklichen Schwester. Ihr gellendes Rufen drang bis ins Tal hinab. Ungestüm und wie von Sinnen stürzte Psyche aus dem Palaste und rief zu ihnen hinauf: „Warum erregt ihr euch so unnötig? Die

getis, adsum. lugubres voces desinite et diutinis lacrimis madentes genas siccate tandem, quippe cum iam possitis quam plangebatis amplecti." tunc vocatum zephyrum praecepti maritalis admonet. nec mora cum ille parens imperio statim clementissimis flatibus innoxia vectura deportat illas. iam mutuis amplexibus et festinantibus saviis sese perfruuntur et illae sedatae lacrimae postliminio redeunt prolectante gaudio. „sed et tectum" inquit „et larem nostrum laetae succedite et afflictas animas cum Psyche vestra recreate!" sic allocuta summas opes domus aureae vocumque servientium populosam familiam demonstrat auribus earum lavacroque pulcherrimo et inhumanae mensae lautitiis eas opipare reficit, ut illarum prorsus caelestium divitiarum copiis affluentibus satiatae iam praecordiis penitis nutrirent invidiam. denique altera earum satis scrupulose curioseque percontari non desinit, quis illarum caelestium rerum dominus quisve vel qualis ipsius sit maritus. nec tamen Psyche coniugale illud praeceptum ullo pacto temerat vel pectoris arcanis exigit, sed e re nata confingit esse iuvenem quendam et speciosum, commodum lanoso barbitio genas inumbrantem plerumque rurestribus ac montanis venatibus occupatum. et ne qua sermonis procedentis labe consilium tacitum proderetur, auro facto gemmosisque monilibus onustas eas statim vocato zephyro tradit reportandas.

ihr betrauert, steht hier. Laßt das Klagen und trocknet eure Tränen! Denn ihr könnt die umarmen, die ihr beklagt." Sie rief den Zephyr herbei und sagte ihm, was ihr Gemahl befohlen hatte. Jener gehorchte unverzüglich und brachte die Schwestern in sanftem Fluge wohlbehalten ins Tal. Da flogen sie Psyche in die Arme, sie herzten und küßten sich lange und vergossen Freudentränen. Dann sagte Psyche: „Kommt nun in den Palast und in mein Heim; seid fröhlich mit mir und werdet wieder heiter!" So sprach sie und zeigte ihnen die reichen Schätze des goldenen Palastes; vor ihren Ohren ließ sie die Stimmen der unsichtbaren Dienerinnen ertönen. Nach einem erquickenden Bade speiste sie mit ihnen die köstlichsten Dinge, die die göttliche Tafel darbot. Bei den Schwestern verlor sich nach und nach das Staunen über die unerhörte Pracht; hämischer Neid schlich sich in ihr Herz. Schließlich richtete eine von ihnen an Psyche neugierig die bedenkliche Frage, wem all diese Kostbarkeiten gehörten, ob es ihr Gemahl wäre und was sie von ihm erzählen könnte. Doch Psyche gedachte der Ermahnungen ihres Gemahles und verriet ihr Herzensgeheimnis nicht. Sie gab vor, ihr Gemahl sei ein schöner Jüngling, dessen Wangen erst zarter Flaum bedecke; meist sei er auf Jagd in Berg und Tal. Sie fürchtete jetzt, sich im weiteren Verlauf der Unterhaltung durch ein unbesonnenes Wort zu verraten. Darum beschenkte sie ihre Schwestern reichlich mit Goldschmuck und Edelsteinen, rief den Zephyr und ließ sie von ihm wieder auf den Berggipfel hinauftragen. Dies geschah sofort.*

Quo protenus perpetrato sorores egregiae domum rede-
untes iamque gliscentis invidiae felle fraglantes multa secum sermonibus mutuis perstrebant. sic denique infit altera: „en orba et saeva et iniqua Fortuna! Hocine tibi
complacuit, ut utroque parente prognatae diversam sor-
tem sustineremus? et nos quidem, quae natu maiores su-
mus, maritis advenis ancillae deditae extorres et lare et
ipsa patria degamus longe parentum velut exulantes?
haec autem novissima, quam fetu satiante postremus par-
tus effudit, tantis opibus et deo marito potita sit, quae
nec uti recte tanta bonorum copia novit? vidisti, soror,
quanta in domo iacent et qualia monilia, quae praenitent
vestes, quae splenditant gemmae, quantum praeterea passim calcatur aurum? quodsi maritum etiam tam formonsum tenet ut affirmat, nulla nunc in orbe toto felicior
vivit. fortassis tamen procedente consuetudine et affectione roborata deam quoque illam deus maritus efficiet. sic
est hercules, sic se gerebat ferebatque. iam iam sursum
respicit et deam spirat mulier, quae voces ancillas habet
et ventis imperat. at ego misera primum patre meo senio-
rem maritum sortita sum, dein cucurbita calviorem et
quovis puero pusilliorem cunctam domum seris et catenis
obditam custodientem.“ suscipit alia „ego vero maritum

Auf dem Rückweg zu den Eltern verrieten die sauberen Schwestern durch gehässige Reden, wie bitterer Neid in ihrem Herzen brannte. „O Schicksal", begann die eine, „wie blind, wie grausam und wie ungerecht bist du! Das könnte dir wohl so gefallen, daß wir, die wir von denselben Eltern stammen, ein weniger glückliches Los haben als unsere Schwester! Wir, die Älteren, haben irgendwelche fremde Männer heiraten müssen und sind ihrer Gewalt ausgeliefert wie Sklavinnen. Fern von der Heimat und dem Elternhaus müssen wir wie Verbannte leben. Sie aber, die Jüngste, die Spätgeborene unserer Mutter, hat einen Gott zum Gemahl und ist so reich an Schätzen, daß sie sie gar nicht einmal recht nutzen kann. Hast du gesehen, wie viele kostbare Kleinodien das Haus birgt, was für herrliche Stoffe es dort gibt und wie alles von Edelsteinen blitzt? Überall tritt der Fuß auf Gold. Ist nun ihr Gemahl auch so schön, wie sie behauptet, dann ist kein Weib auf Erden glücklicher als sie. Vielleicht macht er sie auch noch zur Göttin, wenn er sich an sie gewöhnt hat und seine Neigung zu ihr sich gefestigt hat. Du wirst sehen, so wird es kommen. Sie tat jetzt schon so. Stolz blickte sie um sich und spielte sich auf, als wenn sie schon zu den Göttinnen gehörte. Unsichtbare Stimmen bedienten sie, und die Winde gehorchten ihr. Was habe ich dagegen für einen Mann? Er ist älter als mein Vater, dabei nur ein Zwerg und ein rechter Dummkopf. Trotzdem ist er so eifersüchtig, daß er das ganze Haus verschlossen und verriegelt hält." Darauf ließ sich die andere vernehmen: „Mir geht

articulari etiam morbo complicatum curvatumque ac per hoc rarissimo venerem meam recolentem sustineo plerumque detortos et duratos in lapidem digitos eius perfringens, fomentis olidis et pannis sordidis et foetidis cataplasmatibus manus tam delicatas istas adurens nec uxoris faciem, sed medicae laboriosam personam sustinens. et tu quidem, soror, videris, quam patienti vel potius servili — dicam enim libere quod sentio — haec perferas animo. enimvero ego nequeo sustinere ulterius tam beatam fortunam collapsam indignae. recordare enim, quam superbe, quam arroganter nobiscum egerit et ipsa iactatione immodicae ostentationis tumentem suum prodiderit animum deque tantis divitiis exigua nobis invita proiecerit confestimque praesentia nostra gravata propelli et efflari exsibilarique nos iusserit. nec sum mulier nec omnino spiro, nisi eam pessum de tantis opibus deiecero. ac si tibi etiam ut par est iniacuit nostra contumelia, consilium validum requiramus ambae. iamque ista, quae ferimus, non parentibus nostris an nec ulli monstremus alii, immo nec omnino quicquam de eius salute norimus. sat est, quod ipsae vidimus quae vidisse paenituit, nedum ut genitoribus et omnibus populis tam beatum eius differamus praeconium.

es nicht besser als dir. Ich habe einen Mann, dem die Gicht die Finger gekrümmt hat; selten ist er liebevoll zu mir. Meist muß ich ihm seine steifen Finger reiben und ihm ekelhafte Umschläge machen. Dadurch entstelle ich mir meine zarten Hände. Er sieht in mir weniger die geliebte Frau als eine geplagte Krankenpflegerin. Du willst wohl Psyches Benehmen geduldig, ja sogar sklavisch hinnehmen? Das fällt mir nicht ein. Ich sage dir ganz offen, wie ich denke. Ich werde jedenfalls nicht ruhig zusehen, wie einer Unwürdigen ein solches Glück in den Schoß fällt. Bedenke doch nur, wie stolz und anmaßend sie sich uns gegenüber benahm. Maßlos prahlte sie und zeigte damit ihren hoffärtigen Sinn. Nur widerwillig hat sie uns von ihren reichen Schätzen diese Kleinigkeiten hier hingeworfen. Bald war sie unsrer überdrüssig und ließ uns von ihren Winden wieder forttragen, fortwehen, fortzischen. Aber ich will nicht Weib heißen und überhaupt nicht mehr atmen, wenn ich sie nicht von ihrer stolzen Höhe herabstürzen kann. Auch du solltest eigentlich über die schmähliche Behandlung empört sein. Dann könnten wir beide einen wirksamen Anschlag vorbereiten. Was wir planen, wollen wir weder unseren Eltern noch sonst jemandem mitteilen. Wir wissen angeblich nichts von Psyche. Es genügt, daß wir etwas gesehen haben, was uns Pein bereitet; warum sollen wir da noch ihr Glück vor unseren Eltern und den Menschen besonders preisen? Wenn jemand sein Glück niemandem mitteilen kann, ist er nicht glücklich. Darum wollen wir lieber Psyches Glück

nec sunt enim beati, quorum divitias nemo novit. sciet se non ancillas, sed sorores habere maiores. et nunc quidem concedamus ad maritos et lares pauperes nostros, sed plane sobrios revisamus domique cogitationibus pressioribus in-structae ad superbiam puniendam firmiores redeamus!"

placet pro bono duabus malis malum consilium totisque illis pretiosis muneribus absconditis comam trahentes et proinde ut merebantur ora lacerantes simulatos redinte-grant fletus. ac sic parentes quoque redulcerato prorsum dolore raptim deserentes vesania turgidae domus suas con-tendunt dolum scelestum, immo vero parricidium struen-tes contra sororem insontem.

Interea Psychen maritus ille quem nescit rursum suis illis nocturnis sermonibus sic commovet ,,videsne, quan-tum tibi periculum velitatur Fortuna eminus? ac nisi longe firmiter praecaves, mox comminus congredietur. perfidae lupulae magnis conatibus nefarias insidias tibi comparant, quarum summa est, ut te suadeant meos ex-plorare vultus, quos ut tibi saepe praedixi non videbis, si videris. ergo igitur si posthac pessimae illae lamiae noxiis animis armatae venerint, – venient autem, scio – neque omnino sermonem conferas et, si id tolerare pro

verschweigen. Sie wird es schon merken, daß wir nicht ihre Dienerinnen, sondern ihre älteren Schwestern sind. Jetzt aber wollen wir wieder zu unseren Männern und in unsere ärmlichen, aber anständigen Behausungen zurückkehren. Dort wollen wir uns einen Plan reiflich überlegen und uns dann wieder hier treffen, um Psyche für ihren Hochmut zu strafen." Der Vorschlag gefiel den beiden bösen Frauen. Sie versteckten die kostbaren Geschenke, die sie empfangen hatten, rauften sich die Haare und zerkratzten sich das Gesicht wie in echtem Schmerz. Sie vergossen falsche Tränen, um die Eltern zu täuschen. Bei diesen rissen die alten Wunden wieder auf. Die beiden Schwestern aber verließen sie bald und eilten heim voller Bosheit und Tücke. Dort ersannen sie einen teuflischen Plan; sie schreckten nicht einmal davor zurück, ihre unschuldige Schwester zu ermorden.

Der Gatte, den Psyche noch nie mit ihren Augen geschaut hatte, kam wieder des Nachts zu ihr und warnte sie abermals: „Fühlst du, wie dich dein Geschick bedroht? Sieh dich gut vor, sonst hat es dich bald ereilt. Wie tückische Wölfinnen werden dich deine Schwestern umschleichen und versuchen, dich zu fangen. Sie wollen dich bereden, meine wahre Gestalt kennen zu lernen. Du weißt aber, was ich schon immer gesagt habe: hast du mich einmal erblickt, siehst du mich nie mehr wieder. Wenn deshalb jene bösen Hexen mit ihren schändlichen Anschlägen zu dir kommen, – und sie werden kommen, das weiß ich – so sprich gar nicht erst mit ihnen. Bringst du das aber

genuina simplicitate proque animi tui teneritudine non potueris, certe de marito nil quicquam vel audias vel respondeas. nam et familiam nostram iam propagabimus et hic adhuc infantilis uterus gestat nobis infantem alium, si texeris nostra secreta silentio, divinum, si profanaveris, mortalem." nuntio Psyche laeta florebat et divinae subolis solacio plaudebat et futuri pignoris gloria gestiebat et materni nominis dignitate gaudebat. crescentes dies et menses exeuntes anxia numerat et sarcinae nesciae rudimento miratur de brevi punctulo tantum incrementulum locupletis uteri.

Sed iam pestes illae taeterrimaeque furiae anhelantes vipereum virus et festinantes impia celeritate navigabant. tunc sic iterum momentarius maritus suam Psychen admonet „dies ultima et casus extremus et sexus infestus et sanguis inimicus iam sumpsit arma et castra commovit et aciem direxit et classicum personavit. iam mucrone destricto iugulum tuum nefariae tuae sorores petunt. heu quantis urgemur cladibus, Psyche dulcissima! tui nostrique miserere religiosaque continentia domum maritum teque et istum parvulum nostrum imminentis ruinae infortunio libera! nec illas scelestas feminas, quas tibi post internecivum odium et calcata sanguinis foedera sorores appellare non licet, vel videas vel audias, cum more Sire-

aus Zartgefühl und angeborener Gutmütigkeit nicht über
dich, so laß dich wenigstens auf kein Gespräch über mich
mit ihnen ein. Wir werden unser Geschlecht fortpflanzen;
du trägst ein Kind von mir unter dem Herzen. Das wird
unsterblich sein, wenn du mein Geheimnis bewahrst.
Sprichst du aber darüber, so wird es ein Mensch sein."
Vor Freude über diese Kunde errötete Psyche und war
glücklich über das Pfand seiner Liebe. Der Gedanke,
Mutter eines Götterkindes zu werden, erfüllte sie mit
Stolz. Von nun an zählte sie ängstlich jeden kommenden
Tag und jeden verflossenen Monat; mit Verwunderung
fühlte sie in ihrer kindlichen Unerfahrenheit das Wachsen
des zu erwartenden Kindes.

Aber die teuflischen Schwestern waren schon unterwegs
zu ihr, und groß war ihre Eile. Psyches Gatte, der immer
nur auf Augenblicke zu ihr kam, ermahnte sie nochmals:
„Der Tag der Entscheidung ist gekommen. Deine ab-
scheulichen Schwestern haben den Kampf aufgenommen
und werden bald über dich herfallen. Sie halten schon den
Dolch gezückt, um dich zu durchbohren. Welch ein Unglück droht uns, geliebte Psyche! Hab Erbarmen mit uns
und bewahre heilig mein Geheimnis! Nur so rettest du
mich, dich und unser Kind. Du sollst diese schändlichen
Weiber nicht mehr Schwestern nennen, weil sie dir töd-
lichen Haß geschworen haben und die Bande des Blutes
nicht achten. Wenn sie Sirenen gleich dich vom Gipfel des
Berges mit ihren Gesängen locken, so höre sie nicht und
beachte sie nicht. Denn ihr Gesang bringt dir Verderben."

num scopulo prominentes funestis vocibus saxa persona-
bunt." suscipit Psyche singultu lacrimoso sermonem in-
certans ,,iam dudum, quod sciam, fidei atque parciloquio
meo perpendisti documenta nec eo setius approbabitur tibi
nunc etiam firmitas animi mei. tu modo zephyro nostro
rursum praecipe, fungatur obsequio, et in vicem denegatae
sacrosanctae imaginis tuae redde saltem conspectum soro-
rum. per istos cinnameos et undique pendulos crines tuos,
per teneras et teretes et mei similes genas, per pectus
nescio quo calore fervidum, sic in hoc saltem parvulo co-
gnoscam faciem tuam. supplicis anxiae piis precibus ero-
gatus germani complexus indulge fructum et tibi devotae
Psychae animam gaudio recrea. nec quicquam amplius in
tuo vultu requiro, iam nil officiunt mihi nec ipsae noc-
turnae tenebrae; teneo te meum lumen." his verbis et
amplexibus mollibus decantatus maritus lacrimasque ei
suis crinibus detergens facturum spopondit et praevertit
statim lumen nascentis diei.

Iugum sororium consponsae factionis ne parentibus
quidem visis recta de navibus scopulum petunt illum
praecipiti cum velocitate nec venti ferentis oppertae prae-
sentiam licentiosa cum temeritate prosiliunt in altum.
nec immemor zephyrus regalis edicti quamvis invitus
susceptas eas gremio spirantis aurae solo reddidit. at
illae incunctatae statim conferto vestigio domum pene-

Psyche unterbrach ihn mit tränenerstickter Stimme: „Du hast schon oft, soviel ich weiß, Beweise meiner Zuverlässigkeit und Verschwiegenheit erhalten, und ich werde auch dieses Mal standhaft sein. Befiehl nur dem Zephyr, daß er mir wieder gehorche. Da mir der Anblick deiner göttlichen Gestalt versagt ist, laß mich wenigstens meine Schwestern sehen. Darum bitte ich dich bei deinen süßduftenden, wallenden Locken, bei deinen zarten, vollen Wangen, die den meinen gleichen, bei deinem in unsagbarer Liebe glühenden Herzen. In unserem Kinde werde ich dich erkennen. Laß dich drum durch die frommen Bitten eines bangen Herzens erweichen und gönne mir, daß ich meine Schwestern herzlich begrüße. Mach dadurch deiner Psyche, die so sehr an dir hängt, eine Herzensfreude. Warum sollte ich verlangen, dich zu schauen? Das nächtliche Dunkel stört mich auch nicht mehr; denn du bist mein Licht!" Nach diesen Worten umarmte sie ihn zärtlich; er ließ sich betören, trocknete ihr mit seinen Locken die Tränen und versprach, ihren Wunsch zu erfüllen. Noch ehe es Tag wurde, schied er wieder von ihr.

Die beiden Schwestern suchten dieses Mal ihre Eltern nicht auf, sondern eilten von den Schiffen geradewegs auf den Berggipfel. Dort stürzten sie sich tollkühn in die Tiefe, ohne den Wind abzuwarten, der sie hinabtragen sollte. Zephyr jedoch, eingedenk des erhaltenen Befehles, fing sie auf und brachte sie, wenn auch sehr ungern, ins Tal hinunter. Sie begaben sich sofort eiligen Schrittes zum Palaste. Sie umarmten Psyche, nannten sie unter tausend

trant complexaeque praedam suam sorores nomine men-
tientes thesaurumque penitus abditae fraudis vultu laeto
tegentes sic adulant „Psyche, non ita tu pridem parvula
et ipsa iam mater es! quantum putas boni nobis in ista
geris perula! quantis gaudiis totam domum nostram hila-
rabis! o nos beatas, quas infantis aurei nutrimenta laeta-
bunt! qui si parentum ut oportet pulchritudini respon-
derit, prorsus nascetur Cupido." sic affectione simulata
paulatim sororis invadunt animum. statimque eas lassi-
tudine viae sedilibus refotas et balnearum vaporosis fon-
tibus curatas pulcherrimo triclinio mirisque illis et beatis
edulibus atque tuccetis oblectat. iubet citharam loqui,
psallitur; tibias agere, sonatur; choros canere, cantatur.
quae cuncta nullo praesente dulcissimis modulis animos
audientium remulcebant. nec tamen scelestarum femina-
rum nequitia vel illa mellita cantus dulcedine mollita conquievit, sed ad destinatam fraudium pedicam sermonem
conferentes dissimulanter occipiunt sciscitari, qualis ei
maritus et unde natalium, secta cuia proveniret. tunc
illa simplicitate nimia pristini sermonis oblita novum
commentum instruit aitque maritum suum de provincia
proxima pecuniis negotiantem iam medium cursum aetatis
agere interspersum rara canitie. nec in sermone isto tan-

falschen Beteuerungen ihre geliebte Schwester und verbargen ihre bösen Absichten hinter einer frohen Miene. „Ei, seht", so schmeichelten sie, „unsere kleine Schwester will bald Mutter eines geliebten Kindes werden! Du glaubst nicht, wie uns das freut! Welch ein Glück ist das für unsere Familie! Welche Freude wird es sein, ein solch goldiges Kind aufwachsen zu sehen! Es wird sicher so schön sein wie seine Eltern, dann aber muß es ein kleiner Liebesgott sein!" So gewannen sie mit ihrer erheuchelten Anteilnahme das Vertrauen ihrer Schwester. Diese aber hieß sie sich ausruhen von den Anstrengungen der Reise auf weichen Polstern und ein warmes Bad nehmen. Dann bewirtete sie sie in dem herrlichen Speisesaal mit wohlschmeckenden Gerichten und Leckerbissen. Auf ein Zeichen von ihr ertönte Zitherspiel, auf ein anderes erklang Flötenmusik, und als sie zum dritten Male ein Zeichen gab, hörten sie einen Chor singen. Und dies alles geschah, ohne daß sie jemanden sahen. Aber die herrlichen Klänge rührten nicht an das Herz der bösen Schwestern. Sie brachten das Gespräch auf Psyches Gemahl und fragten sie heuchlerisch, als ob sie sich zum ersten Male danach erkundigten, wer denn ihr Gemahl wäre und von wem er sein Geschlecht ableite. Psyche hatte in der Einfalt ihres Herzens vergessen, was sie früher auf diese Frage geantwortet hatte, und so erfand sie eine andere Ausrede als das erstemal: ihr Gemahl stamme aus dem Nachbarland; er sei ein reicher Großkaufmann und in den mittleren Jahren, sein Haar beginne schon zu ergrauen. Doch brach

tillum morata rursum opiparis muneribus eas onustas ventoso vehiculo reddidit.

Sed dum zephyri tranquillo spiritu sublimatae domum redeunt, sic secum altercantes ,,quid, soror, dicimus de tam monstruoso fatuae illius mendacio? tunc adulescens modo florenti lanugine barbam instruens, nunc aetate media candenti canitie lucidus. quis ille, quem temporis modici spatium repentina senecta reformavit? nil aliud repperies, mi soror, quam vel mendacia istam pessimam feminam confingere vel formam mariti sui nescire. quorum utrum verum est, opibus istis quam primum exterminanda est. quodsi viri sui faciem ignorat, deo profecto denupsit et deum nobis praegnatione ista gerit. certe si divini puelli — quod absit! — haec mater audierit, statim me laqueo nexili suspendam. ergo interim ad parentes nostros redeamus et exordio sermonis huius quam concolores fallacias attexamus.''

Sic inflammatae parentibus fastidienter appellatis et nocte turbata vigiliis perditae matutino scopulum pervolant et inde soliti venti praesidio vehementer devolant lacrimisque pressura palpebrarum coactis hoc astu puellam appellant ,,tu quidem felix et ipsa tanti mali ignorantia beata sedes incuriosa periculi tui; autem quae per-

sie jetzt sofort die Unterhaltung ab; sie beschenkte ihre Schwestern reichlich und ließ sie dann wieder vom Winde auf den Berggipfel tragen.

Als Zephyr sie dort sanft niedergesetzt hatte, suchten sie die Eltern auf; unterwegs aber redeten sie lebhaft aufeinander ein: „Was sollen wir zu der unglaublichen Lüge sagen, die uns die Närrin aufgebunden hat? Zuerst war es ein Jüngling, dessen Wangen noch zarter Flaum deckte, und jetzt ist es auf einmal ein Mann in den besten Jahren, dessen Haar schon grau wird! Wer mag das sein, der in so kurzer Zeit vom Jüngling zum Greise geworden ist? Du mußt zugeben, liebe Schwester, daß dieses garstige Weib uns entweder belügt oder nicht weiß, wie ihr Gemahl aussieht. Wie es auch sein mag, sie darf auf keinen Fall ihre Schätze behalten. Wenn sie ihren Gatten nicht von Angesicht kennt, dann ist sie tatsächlich an einen Gott verheiratet und erwartet auch von ihm ein Kind. Wird sie aber Mutter eines Götterkindes, – das wollen wir nicht hoffen – so erhänge ich mich auf der Stelle. Laß uns jetzt zu den Eltern gehen und unsere ränkevollen Pläne weiterspinnen."

Gesagt, getan. Nur ungern unterhielten sie sich mit den Eltern. Sie durchwachten die Nacht, und beim Morgengrauen waren sie schon wieder auf dem Berggipfel. Mit Hilfe des Windes flogen sie wie gewöhnlich rasch ins Tal hinunter. Sie rieben sich die Augen, bis sie tränten, und sprachen voll Arglist zu ihrer Schwester: „Du lebst hier so glücklich und sorglos deine Tage da-

vigili cura rebus tuis excubamus, cladibus tuis misere cruciamur. pro vero namque comperimus nec te sociae scilicet doloris casusque tui celare possumus immanem colubrum multinodis voluminibus serpentem veneno noxia colla sanguinantem hiantemque ingluvie profunda tecum noctibus latenter acquiescere. nunc recordare sortis Pythicae, quae te trucis bestiae nuptiis destinatam esse clamavit. et multi coloni quique circumsecus venantur et accolae plurimi viderunt eum vespera redeuntem e pastu proximique fluminis vadis innatantem. nec diu blandis alimoniarum obsequiis te saginaturum omnes affirmant, sed cum primum praegnationem tuam plenus maturaverit uterus, opimiore fructu praeditam devoraturum. ad haec iam tua est existimatio, utrum sororibus pro tua cara salute sollicitis assentiri velis et declinata morte nobiscum secura periculi vivere an saevissimae bestiae sepeliri visceribus. quodsi te ruris vocalis solitudo vel clandestinae veneris foetidi periculosique concubitus et venenati serpentis amplexus delectant, certe piae sorores nostrum fecerimus." tunc Psyche misella utpote simplex et animi tenella rapitur verborum tam tristium forminidine; extra terminum mentis suae posita prorsus omnium mariti monitionum suarumque promissionum memoriam effudit et in profundum calamitatis sese praecipitavit. tremensque et exsangui colore lurida tertiata verba semihianti

hin und weißt gar nicht, was für eine Gefahr dir droht. Uns aber quält Tag und Nacht die Sorge um dein Geschick; denn wir haben als sicher erfahren und können es dir als mitfühlende Schwestern nicht verheimlichen: ein schrecklicher Drache, wie eine Schlange sich windend, giftig und blutgierig, mit unergründlichem Rachen verbringt seine Nächte bei dir. Das hat dir auch das pythische Orakel geweissagt, du wirst dich daran erinnern, du solltest einem schrecklichen Ungeheuer vermählt werden. Viele Bauern, Jäger und Nachbarn sahen den Drachen abends vom Fraße zurückkehren und durch den nahen Fluß schwimmen. Sie behaupten, er wird dich nicht mehr lange aus bloßer Gefälligkeit mästen, sondern dich, wenn deine Schwangerschaft dem Ende entgegengeht, als um so fetteren Bissen verschlingen. Es steht nun bei dir, ob du deinen Schwestern, die so besorgt um dich sind, folgen und mit ihnen fern aller Gefahr leben oder dich im Bauche dieses Ungeheuers begraben lassen willst. Sollte es dir in deiner Einsamkeit in der Gesellschaft der unsichtbaren Dienerinnen und in den Armen des grausigen und giftigen Drachens besser gefallen als bei uns, nun gut; wir tragen keine Schuld. Wir haben dann wenigstens das Unsere getan." Die grausigen Worte jagten der zartfühlenden Psyche einen großen Schrecken ein. Sie geriet außer sich und vergaß die Warnungen ihres Gemahls und ihr Versprechen. Blind stürzte sie sich in ihr Verderben. Am ganzen Leibe zitternd und totenblaß stammelte sie mit leiser Stimme die Worte: „Geliebte Schwestern! Ihr beweist mir

voce substrepens sic ad illas ait ,,vos quidem, carissimae
sorores, ut par erat, in officio vestrae pietatis permanetis,
verum et illi qui talia vobis affirmant non videntur mihi
mendacium fingere. nec enim umquam viri mei vidi fa-
ciem vel omnino cuiatis sit novi, sed tantum nocturnis
subaudiens vocibus maritum incerti status et prorsus luci-
fugam tolero bestiamque aliquam recte dicentibus vobis
merito consentio. me quippe magnopere semper a suis
terret aspectibus malumque grande de vultus curiositate
praeminatur. nunc si quam salutarem opem periclitanti
sorori vestrae potestis afferre, iam nunc subsistite. cete-
rum incuria sequens prioris providentiae beneficia cor-
rumpit.'' tunc nanctae iam portis patentibus nudatum
sororis animum facinorosae mulieres omissis tectae ma-
chinae latibulis destrictis gladiis fraudium simplicis puel-
lae paventes cogitationes invadunt. sic denique altera
,,quoniam nos originis nexus pro tua incolumitate peri-
culum quidem nullum ante oculos habere compellit, viam
qua sola deducit iter ad salutem diu diuque cogitatum
monstrabimus tibi. novaculam praeacutam, appulsu etiam
palmulae lenientis exasperatam tori qua parte cubare
consuesti latenter absconde lucernamque concinnem com-
pletam oleo claro lumine praemicantem subde aliquo
claudentis aululae tegmine. omnique isto apparatu tena-
cissime dissimulato, postquam sulcatos intrahens gressus
cubile solitum conscenderit iamque porrectus exordio
somni prementis implicitus altum soporem flare coeperit,
toro delapsa nudoque vestigio pensilem gradum paululatim

von neuem eure Liebe; es war recht, daß ihr mir die Augen öffnet. Die Menschen haben euch bestimmt nichts vorgelogen. Noch niemals habe ich meinen Gemahl von Angesicht gesehen; ich weiß auch gar nicht, wer er ist. Er gibt sich mir auch nicht zu erkennen und scheut das Tageslicht. Nur in der Nacht höre ich seine Stimme und unterhalte mich mit ihm. Er gestattet mir nicht, ihn wirklich zu sehen und droht mir mit schrecklichem Leid, wenn ich meiner Neugierde nachgäbe. Ich pflichte euch bei, und ihr habt sicher recht, wenn ihr ihn ein Untier nennt. Helft eurer unglücklichen Schwester, wenn es nicht zu spät ist; sonst war eure Sorge um mich und eure Warnung vergebens." Jetzt hatten die bösen Weiber gewonnenes Spiel. Sie ließen alle Hinterlist beiseite und gingen offen vor, da die Tür zum Herzen der Schwester ihnen offen stand. Sie gewannen Macht über deren Gedanken und betörten sie völlig. Endlich sagte die eine: "Da uns engste Bande des Blutes verbinden, scheuen wir keine Gefahr, um dich zu retten. Nach reiflicher Überlegung erscheint uns dies als der einzige Weg zu deiner Rettung. Verstecke auf der Seite eures Lagers, wo du zu ruhen pflegst, ein sehr scharfes Messer, das schon bei der geringsten Berührung schneidet, und halte unter einem Schirm eine kleine Lampe bereit, die mit Öl gefüllt ist und mit heller Flamme brennt. Laß dir von diesen Vorbereitungen nichts anmerken. Kommt dann der Drache ins Schlafgemach geschlichen und liegt laut schnarchend im ersten Schlaf, erheb dich vom Lager und hol dir ganz leise auf bloßen

minuens caecae tenebrae custodia liberata lucerna prae-
clari tui facinoris opportunitatem de luminis consilio mu-
tuare et ancipiti telo illo audaciter prius dextera sursum
elata nisu quam valido noxii serpentis nodum cervicis et
capitis abscinde. nec nostrum tibi deerit subsidium; sed
cum primum illius morte salutem tibi feceris, anxiae
praestolabimur cunctisque istis ocius tecum relatis vo-
tivis nuptiis hominem te iungemus homini." tali verborum incendio flammata viscera sororis iam prorsus ar-
dent; istae deserentes ipsam protinus tanti mali con-
finium sibi etiam eximie metuentes flatus alitis impulsu
solito provectae super scopulum ilico pernici se fuga prori-
piunt statimque conscensis navibus abeunt.

At Psyche relicta sola, nisi quod infestis furiis agitata
sola non est, aestu pelagi simile maerendo fluctuat et
quamvis statuto consilio et obstinato animo iam tamen
facinori manus admovens adhuc incerta consilii titubat
multisque calamitatis suae distrahitur affectibus. festinat, differt; audet, trepidat; diffidit, irascitur; et quod
est ultimum, in eodem corpore odit bestiam, diligit maritum. vespera tamen iam noctem trahente praecipiti festi-
natione nefarii sceleris instruit apparatum. nox aderat
et maritus aderat primisque Veneriis proeliis velitatus
altum soporem descenderat. tunc Psyche et corporis et
animi alioquin infirma, fati tamen saevitia subministrante

Füßen die Lampe. Nimm den Schirm, der ihren Schein verbirgt, und laß sie dir bei deiner Tat leuchten. Hebe kühn in deiner Rechten das zweischneidige Messer und trenne mit einem scharfen Schnitt den Kopf vom Rumpf. Wir werden dir helfen; wenn du dich von dem Ungeheuer befreit hast, werden wir gleich da sein und mit dir alle Schätze von hier eiligst fortschaffen. Du aber kannst dann einen Mann heiraten, wie er dir gefällt." Durch solche aufreizenden Worte verwirrten sie die Schwester ganz und gar. Sie selbst verließen sie sofort, weil sie sich fürchteten, bei der Untat zugegen zu sein. Ein Windstoß des Zephyr entführte sie wie gewöhnlich auf den Berggipfel. Kaum waren sie oben, so eilten sie an Bord ihrer Schiffe und fuhren davon.

Psyche war sich selbst überlassen; doch war sie nicht allein, weil sie das böse Gewissen nicht verließ. Sie wurde wankend, und gute und böse Gedanken kamen und gingen in ihrem Innern wie des Meeres Brandung. Obwohl sie fest entschlossen war den Rat der Schwestern zu befolgen, bebte sie doch jetzt, wo sie die Tat ausführen sollte, davor zurück. Sie wurde zum Spielball widerstreitender Gefühle. Ungeduld und Scheu, Mut und Furcht, Zweifel und Wut wechselten miteinander; das Schlimmste aber war: in demselben Wesen haßte sie das Untier und liebte sie den Gemahl. Als es auf die Nacht zuging, bereitete sie die abscheuliche Tat in größter Eile vor. Die Nacht kam und mit ihr der Gatte. Nach der ersten Umarmung sank er in tiefen Schlaf. Da nahm Psyche, die sonst so zart an Leib und Seele war,

viribus roboratur et prolata lucerna et arrepta novacula
sexum audacia mutatur. sed cum primum luminis ob-
latione tori secreta claruerunt, videt omnium ferarum mi-
tissimam dulcissimamque bestiam, ipsum illum Cupidinem formonsum deum formonse cubantem, cuius aspectu
lucernae quoque lumen hilaratum increbruit et acuminis
sacrilegi novacula praenitebat. at vero Psyche tanto aspectu deterrita et impos animi, marcido pallore defecta
tremensque desedit in imos poplites et ferrum quaerit abscondere, sed in suo pectore. quod profecto fecisset, nisi
ferrum timore tanti flagitii manibus temerariis delapsum
evolasset. iamque lassa salute defecta, dum saepius divini
vultus intuetur pulchritudinem, recreatur animi. videt
capitis aurei genialem caesariem ambrosia temulentam,
cervices lacteas genasque purpureas pererrantes crinium
globos decoriter impeditos alios antependulos, alios retro-
pendulos, quorum splendore nimio fulgurante iam et ipsum lumen lucernae vacillabat. per umeros volatilis dei
pinnae roscidae micanti flore candicant et quamvis alis
quiescentibus extimae plumulae tenellae ac delicatae tre-
mule resultantes inquieta lasciviunt. ceterum corpus gla-
bellum atque luculentum et quale peperisse Venerem non
paeniteret. ante lectuli pedes iacebat arcus et pharetra et

alle Kräfte zusammen. Das harte Schicksal flößte ihr Mut ein. Sie wurde kühn wie ein Mann. Sie holte die Lampe und das Messer hervor. Aber als der Schein des Lichtes auf das Lager fiel, das das Geheimnis barg, sah sie das holdeste Ungeheuer, das man sich denken kann, Amor, den schönen Gott der Liebe selbst in süßem Schlummer. Sogar die Lampe leuchtete heller bei diesem Anblick, und das Messer bereute, daß es eine so scharfe Spitze hatte. Psyche erschrak; außer sich und leichenblaß vor innerer Erregung sank sie zitternd in die Knie. Sie möchte das Messer verbergen, aber in ihrer eigenen Brust. Sie hätte das auch getan, wenn nicht das Messer aus Abscheu vor einer solchen Tat ihren zitternden Händen entglitten und zu Boden gefallen wäre. Allmählich erholte sie sich von ihrem Schrecken, als sie immer wieder das schöne Antlitz des Gottes betrachtete. Sie erblickte einen schöngeformten Kopf mit prachtvollem Haar, das nach Ambrosia duftete; schneeweiß war der Nacken und purpurn die Wangen. Zierlich gekräuselte Locken fielen auf Brust und Rücken. Vor ihrem schimmernden Glanze verblaßte selbst das Licht der Lampe. An den Schultern des Gottes glänzten zwei taufeuchte Flügel in strahlender Helle und, obwohl die Schwingen jetzt ruhten, bewegten sich doch die zarten Spitzen der Federn in leichtem Spiel. Auch sonst war der Körper ebenmäßig und schön, so daß selbst Venus stolz darauf sein konnte, einen solchen Sohn geboren zu haben. Am Fußende des Bettes lagen Bogen, Köcher und Pfeile, die glückbringenden Geschosse des Got-

*sagittae, magni dei propitia tela. quae dum insatiabili
animo Psyche satis curiosa rimatur atque pertrectat et
mariti sui miratur arma, depromit unam de pharetra
sagittam et puncto pollicis extremam aciem periclita-
bunda trementis etiam nunc articuli nisu fortiore pupugit
altius, ut per summam cutem roraverint parvulae sanguinis rosei guttae. sic ignara Psyche sponte in Amoris in-
cidit amorem. tunc magis magisque cupidine fraglans
Cupidinis, prona in eum efflictim inhians patulis ac pe-
tulantibus saviis festinanter ingestis de somni mensura
metuebat. sed dum bono tanto percita saucia mente fluctuat, lucerna illa sive perfidia pessima sive invidia noxia
sive quod tale corpus contingere et quasi basiare et ipsa
gestiebat, evomuit de summa luminis sui stillam ferventis
olei super umerum dei dexterum. hem, audax et temeraria lucerna et amoris vile ministerium, ipsum ignis
totius deum aduris, cum te scilicet amator aliquis, ut
diutius cupitis etiam nocte potiretur, primus invenerit.
sic inustus exsiluit deus visaque detectae fidei colluvie protinus ex oculis et manibus infelicissimae coniugis tacitus
avolavit. at Psyche statim resurgentis eius crure dextero
manibus ambabus arrepto sublimis evectionis appendix
miseranda et per nubilas plagas penduli comitatus ex-
trema consequia tandem fessa delabitur sole.*

tes. Unstillbares Verlangen erfaßte Psyche, die Waffen
näher zu betrachten; neugierig nahm sie einen Pfeil aus
dem Köcher und prüfte mit dem Daumen die scharfe
Spitze. Aber da sie noch vor Erregung zitterte, stach sie
sich mit der Spitze tief in den Daumen und verletzte
sich, so daß einige Tropfen ihres roten Blutes über ihre
Hand rannen. So verfiel sie, ohne es zu wissen, für immer
dem Amor. Leidenschaftliche Liebe ergriff sie; sie neigte
sich über den Geliebten und betrachtete ihn mit heißem
Begehren. Während sie sein Antlitz mit glühenden Küssen
bedeckte, fürchtete sie zugleich, daß er erwachen könnte.
Noch schwankte sie glückstrunken unschlüssig hin und
her, als die Lampe, sei es aus Bosheit oder Neid oder
auch deshalb, weil auch sie einen solch schönen Leib berühren und gleichsam küssen wollte, einen Tropfen siedenden Öls auf die rechte Schulter des Gottes fallen ließ.
Weh dir, du verwegene und unbesonnene Lampe! Du er-
weist der Liebe einen schlechten Dienst. Du erkühnst dich,
sogar den Gott zu verbrennen, der die Liebe in Göttern
und Menschen entfacht. Du, die ein Liebender erfand,
um auch in der Nacht noch länger den Anblick der Geliebten zu genießen. Durch den Schmerz erwachte der
Gott; als er sah, wie schändlich Psyche ihr Wort gebro-
chen hatte, verließ er sie sofort, ohne ein Wort zu sagen.
Sie erhaschte seinen rechten Fuß und hielt sich an ihm mit
beiden Händen fest. So wurde sie mit ihm emporgetragen
und schwebte mit durch die Wolken. Doch erlahmten ihr
allmählich die Arme, und sie sank wieder auf die Erde.

* 55 *

Nec deus amator humi iacentem deserens involavit proximam cupressum deque eius alto cacumine sic etiam graviter commotus affatur „ego quidem, simplicissima Psyche, parentis meae Veneris praeceptorum immemor, quae te miseri extremique hominis devinctam cupidine infimo matrimonio addici iusserat, ipse potius amator advolavi tibi. sed hoc feci leviter, scio, et praeclarus ille sagittarius ipse me telo meo percussi teque coniugem meam feci, ut bestia scilicet tibi viderer et ferro caput excideres meum, quod istos amatores tuos oculos gerit! haec tibi identidem semper cavenda censebam, haec benevole remonebam. sed illae quidem consiliatrices egregiae tuae tam perniciosi magisterii dabunt actutum mihi poenas; te vero tantum fuga mea punivero.“ et cum termino sermonis pinnis in altum se proripuit.

Psyche vero humi prostrata et quantum visu poterat volatus mariti prospiciens extremis affligebat lamentationibus animum. sed ubi remigio plumae raptum maritum proceritas spatii fecerat alienum, per proximi fluminis marginem praecipitem sese dedit. sed mitis fluvius in honorem dei scilicet, qui et ipsas aquas urere consuevit, metuens sibi confestim eam innoxio volumine super ripam florentem herbis exposuit. tunc forte Pan deus rusticus iuxta supercilium amnis sedebat complexus Echo mon-

Weil Amor sie aber wirklich liebte, brachte er es nicht über sich, sie ohne Abschiedswort zu verlassen. Er flog auf die nächste Zypresse und sprach von ihrem hohen Gipfel tiefbewegt zu ihr, die auf der Erde lag: „Törichte Psyche! Entgegen dem Wunsche meiner Mutter Venus, die verlangte, daß du mit einem nichtswürdigen Manne die Ehe eingehen solltest, bin ich selbst dein Gatte geworden. Aber das war leichtsinnig von mir, das weiß ich; denn ich, der berühmte Bogenschütze, traf mich selbst mit meinem Pfeil und machte dich zu meiner Gemahlin. Dafür hältst du mich nun für ein Ungetüm und willst mir mit einem Messer den Kopf abschneiden, aus dem dich die Augen so liebevoll anblicken. Ich bat dich immer wieder, nicht nach meinem Anblick zu verlangen, und warnte dich davor mit freundlichen Worten. Deine trefflichen Ratgeberinnen werde ich sofort für den schändlichen Ratschlag, den sie dir gegeben haben, bestrafen; deine Strafe soll darin bestehen, daß ich dich verlasse." *Nach diesen Worten schwang er sich mit seinen Flügeln in die Luft.*

Psyche sah unter lautem Wehklagen dem Fluge Amors nach, solange sie konnte; als er aber immer höher flog, entschwand er bald ihren Blicken. Da stürzte sie sich vom Ufer in den nahen Fluß. Der gute Fluß aber scheute den Zorn des Gottes, dessen Liebesglut sogar im Wasser wirksam ist, und trug sie auf sanften Wellen an das blühende Ufer. Dort saß der Hirtengott Pan. Er hielt die Bergnymphe Echo umfaßt und lehrte sie, ihm allerhand Weisen nachzusingen. Nicht weit davon sprangen über-

*tanam deam eamque voculas omnimodas edocens recinere.
proxime ripam vago pastu lasciviunt comam fluvii ton-
dentes capellae. hircuosus deus sauciam Psychen atque de-
fectam utcumque casus eius non inscius clementer ad se
vocatam sic permulcet verbis lenientibus „puella scitula,
sum quidem rusticanus et upilio, sed senectutis prolixae
beneficio multis experimentis instructus. verum si recte
coniecto, quod profecto prudentes viri divinationem autu-
mant, ab isto titubante et saepius vacillante vestigio deque
nimio pallore corporis et assiduo suspiritu, immo et ipsis
maerentibus oculis tuis amore nimio laboras. ergo mihi
ausculta nec te rursus praecipitio vel ullo mortis accersito
genere perimas! luctum desine et pone maerorem preci-
busque potius Cupidinem deorum maximum percole et
utpote adulescentem delicatum luxuriosumque blandis obsequiis promerere!“ Sic locuto deo pastore nulloque sermone reddito, sed adorato tantum numine salutari Psyche
pergit ire.*

*sed aliquam multum viae laboranti vestigio pererrasset
inscio quodam tramite, iam die labente accedit quandam
civitatem, in qua regnum maritus unius sororis eius obtine-
bat. qua re cognita Psyche nuntiari praesentiam suam
sorori desiderat, mox inducta mutuis amplexibus alter-
nae salutationis expletis percontanti causas adventus sui
sic incipit „meministi consilium vestrum, scilicet quo
mihi suasistis, ut bestiam, quae mariti mentito nomine
mecum quiescebat, priusquam ingluvie voraci me miscel-
lam hauriret, ancipiti novacula perimerem. sed cum pri-*

mütig seine Ziegen herum und fraßen von dem Grün, das
das Ufer bedeckte. Der ziegenfüßige Gott war von Psyches Unglück unterrichtet. Er rief mitleidig die Liebes-
kranke zu sich und tröstete sie mit sanften Worten:
„Allerliebstes Mädchen, ich bin zwar nur ein schlichter
Hirte, aber bei meinem vorgerückten Alter reich an Er-
fahrung. Wenn ich deinen unsicheren Gang, deine blassen
Wangen und deine traurigen Augen sehe und dann noch
dein ständiges Seufzen höre, vermute ich, daß du an einer
unglücklichen Liebe leidest. Darum folge meinem Rat
und versuche nicht, auf gewaltsame Weise deinem Leben
ein Ende zu machen. Laß ab von der Trauer und dem
Schmerz. Wende dich lieber mit einem Gebet an den
Liebesgott selbst, den mächtigsten der Götter, und versuche, dir diesen schönen und liebestollen Jüngling durch
zarte Schmeicheleien wieder geneigt zu machen." Psyche
antwortete ihm nicht; sie dankte ihm nur für sein Wohl-
wollen mit göttlicher Verehrung und zog weiter.

Sie war schon ein ganzes Stück mühselig auf unbekann-
ten Pfaden gewandert, da kam sie, als der Tag zur
Neige ging, in die Stadt, in der der Gemahl ihrer einen
Schwester als König herrschte. Als sie dies erfuhr, ließ
sie sich bei ihrer Schwester melden und wurde zu ihr ge-
führt. Als sie sich umarmt hatten, fragte jene nach dem
Grunde ihres Kommens. Psyche erwiderte: „Du erinnerst
dich wohl, daß du und die andere Schwester mir rieten,
das Ungeheuer, das als Gatte bei mir ruhte, umzubringen,
bevor es mich Ärmste mit seinem gefräßigen Rachen ver-

mum ut aeque placuerat conscio lumine vultus eius aspexi, video mirum divinumque prorsus spectaculum, ipsum illum deae Veneris filium, ipsum, inquam, Cupidinem leni quiete sopitum. ac dum tanti boni spectaculo percita et nimia voluptatis copia turbata fruendi laborarem inopia, casu scilicet pessimo lucerna fervens oleum rebullivit in eius umerum. quo dolore statim somno recussus ubi me ferro et igni conspexit armatam, „tu quidem" inquit „ob istud tam dirum facinus confestim toro meo diverte tibique res tuas habeto! ego vero sororem tuam — et nomen, quo tu censeris, aiebat — iam mihi confarreatis nuptiis coniugabo". et statim zephyro praecipit, ultra terminos me domus eius efflaret." necdum sermonem Psyche finierat et illa vesanae libidinis et invidiae noxiae stimulis agitata, e re concinnato mendacio fallens maritum, quasi de morte parentum aliquid comperisset, statim navem ascendit et ad illum scopulum protinus pergit et quamvis alio flante vento caeca spe tamen inhians „accipe me" dicens „Cupido, dignam te coniugem et tu, zephyre, suscipe dominam" saltu se maximo praecipitem dedit. nec tamen ad illum locum vel saltem mortua pervenire potuit. nam per saxa cautium membris iactatis atque dissipatis et proinde ut merebatur laceratis visceribus suis alitibus bestiisque obvium ferens pabulum interiit. nec vindictae sequentis poena tardavit. nam Psyche

schlang. Aber als ich – gleichfalls nach euerm Plan – mit der Unglückslampe in der Hand an das Lager trat und sein Antlitz beleuchtete, bot sich mir ein wunderbarer und himmlischer Anblick. Der Sohn der Göttin Venus, Amor selbst, lag da in süßem Schlummer hingestreckt. Während ich fassungslos vor soviel Schönheit und Glück vor ihm stand, fiel durch einen unglücklichen Zufall ein Tropfen siedenden Öls auf seine Schulter. Von dem Schmerze wachte er auf und als er mich mit der Lampe und dem Messer sah, rief er aus: „Wegen dieser bösen Tat verlaß sofort unser gemeinsames Lager; pack deine Sachen und mach, daß du fortkommst! Ich aber will deine Schwester – und hier nannte er deinen Namen – als rechtmäßige Gattin heimführen." Darauf befahl er dem Zephyr, mich aus seinem Palaste hinwegzutragen." Kaum hatte Psyche zu Ende gesprochen, als jene von wilder Begier und schändlichem Neid getrieben sofort ein Schiff bestieg, nachdem sie ihrem Gatten vorgelogen hatte, ihre Eltern seien gestorben. Sie fuhr zu dem bekannten Berggipfel, rief die Worte aus: „Empfange, Amor, deine würdige Gattin und du, Zephyr, nimm deine neue Gebieterin auf!" und stürzte sich in blinder Hoffnung, obwohl ein anderer Wind wehte, von der Höhe hinab. Nicht einmal als Tote erreichte sie ihr Ziel. An den spitzen Felsen zerschellte ihr Körper, und so wurde sie ein Fraß der Vögel und wilden Tiere, wie sie es verdient hatte. Die Strafe für die zweite Schwester ließ nicht lange auf sich warten. Denn Psyche erreichte auf ihrer

*rursus errabundo gradu pervenit ad civitatem aliam, in
qua pari modo soror morabatur alia. nec setius et ipsa
fallacie germanitatis inducta et in sororis sceleratas nuptias aemula festinavit ad scopulum inque simile mortis
exitium cecidit.*

*Interim dum Psyche quaesitioni Cupidinis intenta po-
pulos circumibat, at ille vulnere lucernae dolens in ipso
thalamo matris iacens ingemebat. tunc avis peralba illa
gavia, quae super fluctus marinos pinnis natat, demergit
sese propere ad oceani profundum gremium. ibi commodum Venerem lavantem natantemque propter assistens
indicat adustum filium eius gravi vulneris dolore maeren-
tem dubium salutis iacere. iamque per cunctorum ora populorum rumoribus conviciisque variis omnem Veneris
familiam male audire, quod ille quidem montano scortatu,
tu vero marino natatu secesseritis ac per hoc non voluptas
ulla, non gratia, non lepos, sed incompta et agrestia et
horrida cuncta sint, non nuptiae coniugales, non amicitiae sociales, non liberum caritates, sed enormis eluvies
et squalentium foederum insuave fastidium. haec illa ver-
bosa et satis curiosa avis in auribus Veneris filii lacerans
existimationem ganniebat. at Venus irata solidum exclamat repente ,,ergo iam ille bonus filius meus habet
amicam aliquam, prome agedum, quae sola mihi servis
amanter, nomen eius, quae puerum ingenuum et investem*

Wanderfahrt auch die Stadt, in der diese als Königin lebte. Auch sie ließ sich von ihr auf die gleiche Weise täuschen. Neidisch auf die Heirat der Schwester, die sie doch einem Verbrechen verdankte, eilte sie ebenfalls auf die Anhöhe und fand das gleiche Ende wie diese.

Psyche wanderte durch die Lande, um Amor zu suchen. Der aber lag im Gemach seiner Mutter und hatte noch unter seiner Brandwunde zu leiden. Da tauchte eine Silbermöve, die mit ihren Schwingen dicht über den Wellen fliegt, eilig auf den Grund des Meeres, wo Venus sich mit Baden und Schwimmen vergnügte. Sie erzählte ihr, ihr Sohn hätte große Schmerzen durch eine Brandwunde und es stünde ernst um ihn. Überhaupt, so fügte sie hinzu, genössen ihr Sohn und sie selbst bei den Menschen nicht gerade den besten Ruf; der Sohn verbringe seine Zeit bei seinem Liebchen in den Bergen und sie vergnüge sich in den Tiefen des Meeres. Deshalb gäbe es auf der Erde keine Fröhlichkeit, keine Anmut und keine Liebe mehr, alles wäre roh und ohne Gesittung. Man kenne keine Ehe mehr, keine Freundschaft und keine kindliche Liebe. Gräßliche Laster und abscheuliche Ausschweifungen herrschten überall. Solches raunte der geschwätzige Vogel Venus zu und verleumdete Amor bei seiner Mutter. Erzürnt rief diese aus: „Da hat also mein trefflicher Sohn eine Geliebte! Nenne du mir, die du mir allein in Treue dienst, den Namen des Mädchens, das den unreifen, noch bartlosen Jüngling verführt hat. Vielleicht ist es eine Nymphe, eine Hore oder eine Muse oder gar eine von mei-

sollicitavit, sive illa de Nympharum populo seu de Hora-rum numero seu de Musarum choro vel de mearum Gra-tiarum ministerio!" nec loquax illa conticuit avis, sed *,,nescio"* inquit *,,domina; puto puellam – si probe me-mini, Psyches nomine dicitur – efflicte cupere".* tunc in-dignata Venus exclamavit vel maxime *,,Psychen ille meae formae succubam, mei nominis aemulam vere dili-git. nimirum illud incrementum lenam me putavit, cuius monstratu puellam illam cognosceret."*

Haec quiritans properiter emergit e mari suumque pro-tinus aureum thalamum petit et reperto sicut audierat aegroto puero iam inde a foribus quam maxime boans *,,honesta"* inquit *,,haec et natalibus nostris bonaeque tuae frugi congruentia, ut primum quidem tuae parentis, immo dominae praecepta calcares nec sordidis amoribus inimi-cam meam cruciares, verum etiam hoc aetatis puer tuis licentiosis et immaturis iungeres amplexibus, ut ego nu-rum scilicet tolerarem inimicam? sed utique praesumis nugo et corruptor et inamabilis te solum generosum nec me iam per aetatem posse concipere. velim ergo scias te meliorem filium alium genituram; immo ut contumeliam magis sentias, aliquem de meis adoptaturam vernulis ei-que donaturam istas pinnas et flammas et arcum et ipsas sagittas et omnem meam supellectilem, quam tibi non ad*

nen Grazien?" Der geschwätzige Vogel hielt nicht seinen Schnabel, sondern sagte: „Ich kenne es nicht näher;
ich glaube aber, es ist kein göttliches Wesen, sondern ein
irdisches Mädchen, das ihn leidenschaftlich liebt. Wenn
ich mich recht erinnere, heißt sie Psyche." In höchstem
Zorn schrie Venus auf: „Da liebt er ja das Mädchen,
das sich mit mir an Schönheit messen wollte und sich sogar
meinen Namen zulegte. Der Wicht hält mich wohl gar
für eine Kupplerin und glaubt, ich habe ihn zu ihr ge-
schickt, um sie kennenzulernen!"

Mit diesen Worten tauchte sie aus dem Meere empor
und begab sich sofort in ihren prächtigen Palast. Dort
fand sie ihren Sohn krank vor, wie ihr die Möwe berich-
tet hatte, und schon von der Tür aus schrie sie ihn mit
lauter Stimme an: „Du bist mir ein feines Mitglied
unserer Familie, daß du so die Befehle deiner Mutter und
Herrin mit Füßen trittst und dich in eine niedrige Liebschaft mit meiner Feindin einläßt. Du unreifer Junge
plagst sie mit deinen Umarmungen und deiner kindischen
Liebe, und ich soll sie wohl einmal als Schwiegertochter
anerkennen. Du windiger Bursche, du scheinst zu denken,
du seiest mein einziges Kind und ich könnte in meinem
Alter nicht mehr Mutter werden. Doch wisse, ich könnte
einen weit besseren Sohn zeugen, wie du bist; aber ich
will lieber, um dich noch mehr zu kränken, einen von
meinen Sklaven als eigen annehmen und ihm deine Flügel,
die Fackel, den Bogen, den Köcher und die Pfeile überlassen. Dazu habe ich sie dir nicht gegeben, daß du sie so

*hos usus dederam. nec enim de patris tui bonis ad instruc-
tionem istam quicquam concessum est. sed male prima
pueritia inductus es et acutas manus habes et maiores tuos
irreverenter pulsasti totiens et ipsam matrem tuam, me
inquam ipsam, parricida, denudas cotidie et percussisti
saepius et quasi viduam utique contemnis. nec vitricum
tuum, fortissimum illum maximum bellatorem, metuis.
quidni! cui saepius in angorem mei paelicatus puellas
propinare consuesti. sed iam faxo te lusus huius paeniteat et sentias acidas et amaras istas nuptias! sed nunc
irrisui habita quid agam? quo me conferam? quibus mo-
dis stelionem istum cohibeam? petamne auxilium ab ini-
mica mea Sobrietate, quam propter huius ipsius luxu-
riam offendi saepius? at rusticae squalentis feminae collo-
quium prorsus adhibendum est, horresco; nec tamen vindictae solacium undeunde spernendum est. illa mihi prorsus adhibenda est nec ulla alia, quae castiget asperrime
nugonem istum, pharetram explicet, sagittas dearmet,
arcum enodet, taedam deflammet, immo et ipsum corpus
eius acrioribus remedii coerceat. tunc iniuriae meae lita-
tum crediderim, cum eius comas, quas istis manibus meis*

mißbrauchst. Ich kann sie dir auch nehmen; denn du hast sie von mir, nicht von deinem Vater. Von klein auf hast du schon nichts getaugt, immer prickelte es dir in den Fingern, deine Pfeile abzuschießen. Oft hast du dich an denen vergriffen, denen du Achtung schuldetest. Selbst mich, deine Mutter, stellst du Tag für Tag bloß; du hast mir oft mit deinem Pfeile wehgetan und behandelst mich verächtlich, als wenn ich eine arme hilflose Witwe wäre. Auch vor deinem Stiefvater, dem gewaltigen Kriegsgott, hast du keine Angst. Wie sollte das auch sein? Du führst ihm ja zu meinem Leidwesen immer wieder neue Geliebte zu. Aber ich will schon dafür sorgen, daß du diese Liebschaft bitter bereust und ewig die Bitternis dieser Ehe empfindest. Aber", so sprach sie zu sich selbst, „was soll ich jetzt tun, ich verachtete Frau? An wen soll ich mich wenden? Wie soll ich mit diesem Gauner fertig werden? Soll ich meine Feindin, die Göttin der Nüchternheit, um Hilfe angehen, die ich schon so oft gekränkt habe, wenn sie seinen Übermut tadelte? Mir graut davor, mich mit diesem groben und schmutzigen Weibe einzulassen. Und doch muß ich jede Möglichkeit zur Rache wahrnehmen, wo sie sich mir bietet; denn Rache zu nehmen lindert meinen Schmerz. Ich will sie aufsuchen, keine andere soll den Taugenichts strafen. Sie soll ihm seinen Köcher entleeren, die Pfeile wegnehmen, den Bogen entspannen, die Fackel auslöschen und ihn selbst scharf anfassen. Dann erst will ich den mir zugefügten Schimpf als gesühnt ansehen, wenn ich ihm seine Locken, denen ich oft mit meinen Händen

subinde aureo nitore perstrinxi, deraserit, pinnas, quas meo gremio nectarei fontis infeci, praetotonderit."

Sic effata foras sese proripit infesta et stomachata biles Venerias. sed eam protinus Ceres et Iuno continuanter visamque vultu tumido quaesiere, cur truci supercilio tantam venustatem micantium oculorum coerceret? at illa „opportune" inquit „ardenti prorsus isto meo pectori volentiam scilicet perpetraturae venitis. sed totis, oro, vestris viribus Psychen illam fugitivam volaticam mihi requirite! nec enim vos utique domus meae famosa fabula et non dicendi filii mei facta latuerunt." tunc illae ignarae, quae gesta sunt, palpare Veneris iram saevientem sic adortae „quid tale, domina, deliquit tuus filius, ut animo pervicaci voluptates illius impugnes et quam ille diligit tu quoque perdere gestias? quod autem, oramus, isti crimen, si puellae lepidae libenter arrisit? an ignoras eum masculum et iuvenem esse vel certe iam quot sit annorum oblita es? an quod aetatem portat bellule, puer tibi semper videtur? mater autem tu et praeterea cordata mulier filii tui lusus semper explorabis curiose et in eo luxuriem culpabis et amores revinces et tuas artes tuasque delicias in formonso filio reprehendes? quis autem te deum, quis hominum patietur passim cupidines populis disseminan-

goldenen Glanz verlieh, abgeschnitten habe und wenn ich ihm seine Flügel, die ich mit Nektar beträufelte, sobald er auf meinem Schoße saß, gestutzt habe."

Nach diesen Worten stürzte sie zornig davon, soweit eine Venus zornig sein kann. Da begegneten ihr Ceres und Juno und fragten sie erstaunt über ihr aufgebrachtes Wesen, warum sie so finster dreinschaue und dadurch ihren strahlenden Blick trübe. Ihnen erwiderte Venus: "Ihr kommt mir gerade recht, um mir in meinem Zorn eine Gefälligkeit zu erweisen. Helft mir, darum bitte ich euch herzlich, die flüchtige Psyche suchen! Ihr habt sicherlich auch schon von dem schlimmen Gerede über mein Haus und von den Liebesgeschichten meines sauberen Sohnes gehört." Die Göttinnen wußten bereits Bescheid. Sie versuchten, den maßlosen Zorn der Venus zu beschwichtigen. "Was hat denn dein Sohn Schlimmes begangen, daß du seine Tändeleien so hart verurteilst und das Mädchen, das er liebt, sogar verderben willst. Ist es denn ein Verbrechen, wenn er einem hübschen Mädchen gut ist? Du hast wohl vergessen, wie alt er schon ist, und denkst auch anscheinend nicht daran, daß er bereits ein Jüngling ist. Weil er so jung aussieht, hältst du ihn wohl immer noch für ein Kind? Du bist doch sonst eine so verständige Frau und Mutter, da kannst du nicht den Liebeleien deines Sohnes neugierig nachspüren, seine Seitensprünge tadeln und seine Leidenschaften unterdrücken. Du kannst auch nicht in deinem schönen Sohn die Eigenschaften strafen, die er von dir ererbt hat und die für dich Glückseligkeit bedeuten. Wer von den Göttern

tem, cum tuae domus amores amare coerceas et vitiorum muliebrium publicam praecludas officinam?" sic illae metu sagittarum patrocinio gratioso Cupidini quamvis absenti blandiebantur. sed Venus indignata ridicule tractari suas iniurias praeversis illis altrorsus concito gradu pelago viam capessit.

Interea Psyche variis iactabatur discursibus dies noctesque mariti vestigationibus inquieta animo tanto cupidior iratum mulcere et si non uxoriis blanditiis lenire, certo servilibus precibus propitiare. et prospecto templo quodam in ardui montis vertice *"unde autem"* inquit *"scio, an istic meus degat dominus?"* et ilico dirigit citatum gradum, quem defectum prorsus assiduis laboribus spes incitabat et votum. iamque naviter emensis celsioribus iugis pulvinaribus sese proximam intulit. videt spicas frumentarias in acervo et alias flexiles in corona et spicas hordei videt. erant et falces et operae messoriae mundus omnis, sed cuncta passim iacentia et incuria confusa et ut solet aestu laborantium manibus proiecta. haec singula Psyche curiose dividit et discretim remota rite componit rata scilicet nullius dei fana ac caerimonias neglegere se debere, sed omnium benevolam misericordiam corrogare. haec eam sollicite seduloque curantem Ceres alma deprehendit et longum exclamat protinus *"a, tu Psyche mi-*

wird es billigen, daß du überall Liebe aussäst, während du sie in deinem eigenen Hause verbannst und alle weiblichen Liebeskünste verwirfst?" So nahmen sie den abwesenden Amor in Schutz aus Furcht vor seinen Pfeilen. Aber Venus war unwillig, weil die beiden Göttinnen ihren Kummer nicht ernst nahmen. Während diese sich jetzt entfernten, ging sie schnellen Schrittes dem Meere zu.

Psyche irrte Tag und Nacht ruhelos umher auf der Suche nach ihrem Gemahl; sie brannte darauf, ihn zu versöhnen, wenn nicht durch Zärtlichkeit, so doch durch demütige Bitten. Da sah sie auf dem Gipfel eines hohen Berges einen Tempel und rief aus: „Wer weiß, ob hier nicht mein Gemahl weilt?" Von Sehnsucht und Hoffnung getrieben beschleunigte sie ihre Schritte trotz ihrer großen Müdigkeit. Bald hatte sie den Gipfel erklommen. Sie betrat den Tempel und näherte sich dem Sitze des Gottes. Sie sah Weizen- und Gerstenähren auf einem Haufen liegen oder zu Kränzen gewunden; auch lagen da Sicheln und alle möglichen anderen Erntegeräte verstreut, so wie sie die Arbeiter bei der Mittagshitze hinwerfen. Psyche machte sich daran, sie zu ordnen und legte sie alle der Reihe nach hin. Denn sie glaubte, keinen Dienst, den sie einem Gott erweisen könnte, versäumen zu dürfen, sondern sich die Gunst aller Götter erwerben zu müssen. Die segenspendende Ceres sah sie bei ihrer Arbeit und rief schon von weitem: „Arme Psyche! Venus verfolgt wutentbrannt über die ganze Erde deine Spur; ihr ganzes Sinnen ist auf Rache gerichtet. Dir drohen

*seranda! totum per orbem Venus anxia disquisitione
tuum vestigium furens animi requirit teque ad extremum
supplicium expetit et totius numinis sui viribus ultionem
flagitat. tu vero rerum mearum tutelam nunc geris et
aliud quicquam cogitas nisi de tua salute?" tunc Psyche
pedes eius advelata et uberi fletu rigans deae vestigia hu-
mumque verrens crinibus suis multiiugis precibus editis
veniam postulabat. „per ego te frugiferam tuam dexteram istam deprecor, per laetificas messium caerimonias,
per tacita secreta cistarum et per famulorum tuorum draconum pinnata curricula et glebae Siculae sulcamina et
currum rapacem et terram tenacem et illuminarum Proserpinae nuptiarum demeacula et luminosarum filiae in-
ventionum remeacula et cetera quae silentio tegit Eleusinis
Atticae sacrarium miserandae Psyches animae, supplicis tuae, subsiste! inter istam spicarum congeriem patere
vel paucos dies delitescam, quoad deae tantae saeviens ira
spatio temporis mitigetur vel certe meae vires diutino la-
bore fessae quietis intervallo leniantur." suscipit Ceres:
„tuis quidem lacrimosis precibus et commoveor et opitu-
lari cupio, sed cognatae meae, cum qua etiam foedus anti-
quum amicitiae colo, bonae praeterea feminae malam
gratiam subire nequeo. decede itaque istis aedibus protinus
et, quod a me retenta custoditaque non fueris, optimi con-
sule!"*

*Contra spem suam repulsa Psyche et afflicta duplici
maestitia iter retrorsum porrigens inter subditae con-
vallis sublucidum lucum prospicit fanum sollerti fabrica*

Tod und Verderben von ihr. Du aber trägst Sorge für die Geräte meines Heiligtums und solltest doch lieber an deine Rettung denken." Da warf sich Psyche vor ihr auf die Knie und netzte die Fußstapfen der Göttin mit ihren Tränen. Ihr langes Haar schleifte am Boden. In den rührendsten Worten flehte sie die Göttin um ihren Schutz an. *„Bei deiner fruchtspendenden Rechten, bei deinen fröhlichen Erntefesten, bei deiner Lade, die die heiligen Geräte birgt, bei deinem drachenbespannten Wagen, bei Siziliens Fruchtbarkeit beschwöre ich dich. Ich bitte dich bei dem Wagen, der deine Tochter entführte, bei der Erde, die sie verbarg, bei dem Hinabsteigen in die Unterwelt zur traurigen Hochzeit deiner Tochter, bei deiner Wiederkehr und bei allem übrigen, was das heilige Eleusis in Attika mit Schweigen deckt, hilf der unglücklichen Psyche, die bei dir Zuflucht sucht. Gestatte mir, mich hier einige Tage unter den Ähren verborgen zu halten, bis die Zeit den grimmen Zorn der Göttin gemildert hat oder bis sich wenigstens meine erschöpften Kräfte etwas erholt haben."* Ceres erwiderte: *„Deine Tränen und Bitten rühren mich; aber ich mag mich nicht mit meiner Verwandten erzürnen, mit der mich ein altes Freundschaftsband verknüpft. Sie ist auch sonst eine herzensgute Frau. Verlaß sofort diesen Tempel und sei froh, daß ich dich nicht festhalte und einsperre!"*

Eine solche Antwort hatte Psyche nicht erwartet, und so erfüllte doppelte Traurigkeit ihr Herz. Sie ging den Weg, den sie gekommen war, wieder zurück und erblickte

structum nec ullam vel dubiam spei melioris viam volens omittere, sed adire cuiuscumque dei veniam sacratis foribus proximat. videt dona pretiosa ac lacinias auro litteratas ramis arborum postibusque suffixas, quae cum gratia facti nomen deae, cui fuerant dicata, testabantur; tunc genu nixa et manibus aram tepentem amplexa detersis ante lacrimis sic apprecatur: ,,Magni Iovis germana et coniuga, sive tu Sami, quae querulo partu vagituque et alimonia tua gloriatur, tenes vetusta delubra; sive celsae Carthaginis, quae te virginem vectura leonis caelo commeantem percolit, beatas sedes frequentas; sive prope ripas Inachi, qui te iam nuptam Tonantis et reginam memorat, inclitis Argivorum praesides moenibus; quam cunctus oriens Zygiam veneratur et omnis occidens Lucidam appellat; sis meis extremiscasibus Iuno Sospita meque in tantis exantlatis laboribus defessam imminentis periculi metu libera! quod sciam, soles praegnantibus periclitantibus ultro subvenire." ad istum modum supplicanti statim sese Iuno cum totius sui numinis augusta dignitate praesentat et protinus ,,quam vellem" inquit ,,per fidem nutum meum precibus tuis accommodare! sed contra voluntatem Veneris nurus meae, quam filiae semper dilexi loco, praestare me pudor non sinit. tunc

im Tal einen herrlichen Tempel, der in einem schattigen Hain stand. Da sie kein Mittel unversucht lassen wollte, um ihr Schicksal zu bessern, und die Gunst eines jeden Gottes zu gewinnen trachtete, näherte sie sich der Pforte des Heiligtums. Sie erblickte viele kostbare Geschenke; an den Ästen der Bäume und an den Türpfosten hingen goldbeschriftete Bänder, die den Namen der Göttin trugen, für die die Geschenke bestimmt waren, und die den Dank für erwiesene Wohltaten aussprachen. Sie kniete nieder, trocknete ihre Tränen, umfaßte den noch nicht erkalteten Altar und sprach: „Schwester und Gattin des großen Jupiter! Magst du in deinem alten Heiligtum in Samos weilen, wo du geboren und aufgewachsen bist, oder die herrlichen Gefilde des hochgelegenen Karthago aufsuchen, das dich als Jungfrau auf einem Löwenwagen gen Himmel fahrend verehrt; oder magst du am Ufer des Inachos die berühmten Mauern von Argos schützen, wo man dich als Gattin Jupiters, des Donnerers, und als Königin der Göttinnen anruft; du, die das Morgen- und Abendland als Hüterin der Ehe und Schützerin der Geburten verehren, hilf mir in meiner Not und rette mich Leidgebeugte vor drohender Gefahr! Soviel ich weiß, nimmst du dich Schwangerer an, wenn sie der Hilfe bedürfen." Der Bittenden erschien Juno sofort in ihrer göttlichen Herrlichkeit und sprach: „Wie gern erfüllte ich dir deinen Wunsch! Aber meine Ehre gebietet mir, nichts gegen den Willen der Venus zu tun. Sie ist meine Schwiegertochter, die ich von jeher wie meine eigene Tochter ge-

*etiam legibus, quae servos alienos perfugas invitis do-
minis vetant suscipi, prohibeor."*

*Isto quoque fortunae naufragio Psyche perterrita nec
indipisci iam maritum volatilem quiens tota spe salutis
deposita sic ipsa suas cogitationes consuluit ,,iam quae
possunt alia meis aerumnis temptari vel adhiberi sub-
sidia, cui ne dearum quidem quamquam volentium po-
tuerunt prodesse suffragia? quorsum itaque tantis laqueis
inclusa vestigium porrigam? quibusque tectis vel etiam
tenebris abscondita magnae Veneris inevitabiles oculos ef-
fugiam? quin igitur masculum tandem sumis animum et
cassae speculae renuntias fortiter et ultroneam te dominae
tuae reddis et vel sera modestia saevientes impetus eius
mitigas. qui scias, an etiam quem diu quaeritas illic in
domo matris repperies?" sic ad dubium obsequium, immo
ad certum exitium praeparata principium futurae secum
meditabatur obsecrationis.*

*At Venus terrenis remediis inquisitionis abnuens cae-
lum petit. iubet construi currum, quem ei Vulcanus auri-
fex subtili fabrica studiose poliverat. et ante thalami
rudimentum nuptiale munus obtulerat limae tenuantis de-
trimento conspicuum et ipsius auri damno pretiosum. de
multis, quae circa cubiculum dominae stabulant, proce-
dunt quattuor candidae columbae et hilaris incessibus
picta colla torquentes iugum gemmeum subeunt suscep-
taque domina laetae subvolant. currum deae prosequentes
gannitu constrepenti lasciviunt passeres et ceterae quae*

liebt habe. Auch hindern mich die Gesetze, eine Flüchtige ohne Wissen dessen, dem sie gehört, aufzunehmen.‘‘

Diese Absage machte Psyche völlig mutlos. Sie gab die
Hoffnung auf, ihren Gemahl jemals wiederzufinden, und
sagte ganz verzweifelt zu sich selbst: „Für mein Leid gibt
es keine Hilfe mehr; denn selbst der gute Wille der Göttinnen vermag nichts gegen Venus auszurichten. Wohin
soll ich meine Schritte lenken? Überall bin ich umstellt.
Welches Haus und welches Dunkel kann mich vor den
Augen der Venus, der nichts entgeht, verbergen? Nimm
dir ein Herz, Psyche! Forsche nicht mehr weiter, sondern
suche freiwillig deine Gebieterin Venus auf! Vielleicht
beschwichtigst du den grimmen Zorn der Göttin, wenn du
demütig vor sie hintrittst. Aber wer weiß, ob ich den, den
ich schon lange suche, nicht auch in ihrem Hause finde?‘‘
Sie war darauf gefaßt, daß ihr Gang keinen Erfolg
hätte und sie ins Verderben führte; trotzdem war sie bereit, zu gehen.

Venus war es müde geworden, auf der Erde weiter nach
Psyche zu forschen, und wollte sich in den Himmel be-
geben. Sie ließ ihren Wagen anschirren, den Vulkan für
sie kunstvoll angefertigt und ihr zur Hochzeit geschenkt
hatte. Der Gott hatte ihn mit der Feile sauber bearbeitet
und ihn auch vergoldet. Alsbald flogen von den vielen Tau-
ben, die am Palaste der Göttin nisteten, vier weiße herbei; froh reckten sie die schillernden Hälse und ließen sich
willig in das edelsteinblitzende Joch spannen. Nachdem
die Göttin in den Wagen gestiegen war, flogen sie fröh-

dulce cantitant aves melleis modulis suave resonantes adventum deae pronuntiant. cedunt nubes et caelum filiae panditur et summus aether cum gaudio suscipit deam. nec obvias vel accipitres rapaces pertimescit magnae Veneris canora familia. tunc se protinus ad Iovis regias arces dirigit et petitu superbo mercurii dei vocalis operae necessariam usuram postulat. nec renuit Iovis caerulum supercilium. tunc ovans ilico comitante etiam Mercurio Venus caelo demeat eique sollicite serit verba: „frater Arcadi, scis nempe sororem tuam Venerem sine Mercurii praesentia nil umquam fecisse nec te praeterit utique, quanto iam tempore delitescentem ancillam nequiverim repperire. nil ergo superest quam tuo praeconio praemium investigationis publicitus edicere. fac ergo mandatum matures meum et indicia quibus possit agnosci manifeste designes, ne, si quis occultationis illicitae crimen subierit, ignorantiae se possit excusatione defendere." et simul dicens libellum ei porrigit, ubi Psyches nomen continebatur et cetera. quo facto protinus domum secessit. nec Mercurius omisit obsequium; nam per omnium ora populorum passim discurrens sic mandatae praedicationis munus exsequebatur: si quis a fuga retrahere vel occultam demonstrare poterit fugitivam regis filiam, Veneris ancillam, nomine Psychen, conveniat retro metas Murtias Mercurium praedicatorem accepturus indicinae nomine ab

lich davon. Den Wagen umschwirrten mit lautem Geschrei übermütige Sperlinge. Singvögel kündigten mit süßen Weisen ihre Ankunft an. Ohne Furcht vor einer Begegnung mit Adlern oder räuberischen Habichten begleiteten sie die Göttin auf ihrer Fahrt. Die Wolken entschwanden, der Himmel öffnete sich, und freundlich nahm sie die Wohnstätte der Götter auf. Sie begab sich sofort zum Herrschersitz Jupiters und bat sich gebieterisch die Hilfe des redegewandten Merkur aus, die sie dringend brauche. Die dunkle Augenbraue Jupiters nickte ihr Gewährung. Frohlockend verließ sie mit Merkur den Himmel und brachte ihm erregt ihr Anliegen vor: „Lieber Bruder, du weißt, deine Schwester hat nie etwas ohne deine Mithilfe getan. Dir ist gewiß bekannt, wie lange ich schon nach jenem schlimmen Mädchen suche, ich finde sie aber nicht. Darum sollst du jetzt auf der Erde bekannt machen, daß ich jedem, der sie ausfindig macht, eine hohe Belohnung verspreche. Führe meinen Auftrag schnell aus und beschreibe das Mädchen ganz genau, damit niemand, der sie verborgen hält, sich damit entschuldigen kann, er habe sie nicht erkannt." Darauf händigte sie ihm einen Zettel mit Psyches Namen und Angaben über ihr Äußeres aus. Dann verließ sie ihn und kehrte in ihren Palast zurück. Merkur aber gehorchte. Bei allen Völkern der Erde verkündete er: Sollte jemand imstande sein, eine flüchtige Königstochter mit Namen Psyche, deren Gebieterin Venus ist, zu fangen oder ihr Versteck anzugeben, der finde sich im Zirkus Maximus bei den

ipsa Venere septem savia suavia et unum blandientis appulsu linguae longe mellitum.

Ad hunc modum pronuntiante Mercurio tanti praemii cupido certatim omnium mortalium studium arrexerat. quae res nunc vel maxime sustulit Psyches omnem cunctationem. iamque fores eius dominae proximanti occurrit una de famulatione Veneris nomine Consuetudo statimque quantum maxime potuit exclamat: ,,tandem, ancilla nequissima, dominam habere te scire coepisti? an pro cetera morum tuorum temeritate istud quoque nescire te fingis, quantos labores circa tuas inquisitiones sustinuerimus? sed bene, quod meas potissimum manus incidisti et inter Orci cancros iam ipsos adhaesisti datura scilicet actutum tantae contumaciae poenas.“ et audaciter in capillos eius immissa manu trahebat eam nequaquam renitentem. quam ubi primum inductam oblatamque sibi conspexit Venus, laetissimum cachinnum extollit et qualem solent frequentare irati caputque quatiens et adscalpens aurem dexteram ,,tandem“ inquit ,,dignata es socrum tuam salutare? an potius maritum, qui tuo vulnere periclitatur, intervisere venisti? sed esto secura, iam enim excipiam te, ut bonam nurum concedet.“ et ,,ubi sunt“ inquit ,,Sollicitudo atque Tristies, ancillae meae?“ quibus introvocatis torquendam tradidit eam. at illae sequentes erile praeceptum Psychen misellam flagellis afflictam et ceteris tor-

Murcischen Zielsäulen ein und melde es mir. Er soll zur Belohnung sieben süße Küsse von Venus erhalten und außerdem noch einen besonders zärtlichen Zungenkuß.

Auf diese Verkündigung Merkurs hin wetteiferten alle Menschen in ihren Bemühungen um diese Belohnung. Psyche aber wurde dadurch in ihrem Entschluß bestärkt, unverzüglich Venus aufzusuchen. Schon an der Tür ihres Palastes stieß sie auf Consuetudo, eine Dienerin der Venus. Diese herrschte sie an: „Du Nichtsnutzige, endlich besinnst du dich darauf, daß du eine Herrin hast. Oder willst du uns glauben machen, daß du in deiner Harmlosigkeit nicht weißt, wieviel Mühe es uns gekostet hat, dich zu suchen? Gut, daß du gerade mir in die Hände geraten bist. Das ist so gut, als wenn dich die Arme des Todes umfingen. Du sollst mir für deine Widerspenstigkeit schwer büßen.“ An den Haaren zog sie Psyche, die sich gar nicht sträubte, ins Haus. Als Venus sie erblickte, fing sie laut an zu lachen, wie man es im Zorn zu tun pflegt, schüttelte sich vor Erregung, kratzte sich hinterm rechten Ohr und sagte: „Endlich würdigst du deine Schwiegermutter eines Besuches. Oder kommst du, um nach deinem Gemahl zu sehen, der an der Wunde, die er dir verdankt, schwer leidet? Hab keine Angst! Ich will dich aufnehmen, als wenn du mir eine liebe Schwiegertochter wärest. Wo sind meine Dienerinnen Herzeleid und Trauer?“ Als diese erschienen, übergab sie ihnen Psyche, damit sie sie peinigten. Jene befolgten den Befehl ihrer Herrin; sie schlugen die arme Psyche mit Ruten und quälten sie auf grausame

mentis excruciatam iterum dominae conspectui reddunt.
tunc rursus sublato risu Venus „sed ecce" inquit „nobis
turgidi ventris suo leocinio commovet miserationem, unde
me praeclara subole aviam beatam scilicet faciet. felix
vero ego, quae in ipso aetatis meae flore vocabor avia et
vilis ancillae filius nepos Veneris audiet. impares enim
nuptiae et·praeterea in villa sine testibus et patre non
consentiente factae legitimae non possunt videri. ac per
hoc spurius iste nascetur, si tamen partum omnino per-
ferre te patiemur."

His editis involat eam vestemque plurifariam diloricat
capilloque discisso et capite conquassato graviter affligit et
accepto frumento et hordeo et milio et papavere et cicere
et lente et faba commixtisque acervatim confusis in unum
grumulum sic ad illam „videris enim mihi tam deformis
ancilla nullo alio, sed tantum sedulo ministerio amatores
tuos promereri. iam ergo et ipsa frugem tuam periclita-
bor. discerne seminum istorum passivam congeriem singu-
lisque granis rite dispositis atque seiugatis ante ipsam
vesperam opus expeditum approbato mihi." sic assignato
tantorum seminum cumulo ipsa cenae nuptiali concessit.
nec Psyche manus admolitur inconditae illi et inextrica-
bili moli, sed immanitate praecepti consternata silens ob-
stupescit. tunc formicula illa parvula atque ruricola

Weise. Dann brachten sie sie zu Venus zurück; diese sagte hohnlachend: „Seht, sie will wohl mit ihrer Schwangerschaft Mitleid erregen. Durch sie soll ich bald glückliche Großmutter werden. Welch ein Glück für mich, in so jungen Jahren schon Großmutter zu heißen und den Sohn einer niederen Magd zum Enkel zu haben! Doch ich werde diese Brut nie anerkennen! Denn diese unebenbürtige Ehe, auf der Erde ohne Zeugen und ohne Einwilligung des Vaters geschlossen, kann nicht gültig sein. Nur einem unehelichen Kinde kann sie das Leben schenken, wenn ich es überhaupt so weit kommen lasse."

Darauf stürzte sie sich auf sie, zerriß ihr die Kleider, zog sie an den Haaren hin und her und mißhandelte sie schwer. Dann nahm sie Körner von Weizen, Gerste und Hirse, dazu Mohn, Erbsen, Linsen und Bohnen, mischte sie durcheinander, schüttete sie auf einen Haufen und sagte: „Mir scheint, du mußt dir deinen Liebhaber durch emsige Arbeit verdienen, da du so häßlich bist. Auch will ich jetzt deinen Fleiß auf die Probe stellen. Sondere diese Körner voneinander und lege jede Art für sich! Zeige mir noch vor Abend deine fertige Arbeit!" Nach dieser Anweisung begab sie sich zu einem Hochzeitsschmaus. Psyche rührte keinen Finger, um die Körner zu verlesen; das Gefühl, die Aufgabe nicht lösen zu können, machte sie traurig und ließ sie völlig verstummen. Da erbarmte sich ihrer die kleine Ameise, die sich auf solche schwierige Aufgaben versteht und die über die Grausamkeit der Venus empört war. Emsig lief sie hin und her und

certa difficultatis tantae laborisque miserta contubernalis magni dei socrusque saevitiam exsecrata, discurrens naviter convocat corrogatque cunctam formicarum accolarum classem. „miseremini, terrae omniparentis agiles alumnae, miseremini et Amoris uxori, puellae lepidae, periclitanti prompta velocitate succurrite!" ruunt aliae superque aliae sepedum populorum undae summoque studio singulae granatim totum digerunt acervum separatimque distributis dissitisque generibus e conspectu perniciter absunt. sed initio noctis e convivio nuptiali vino madens et fragrans balsama Venus remeat totumque revincta corpus rosis micantibus visaque diligentia miri laboris „non tuum" inquit „nequissima, nec tuarum manuum istud opus, sed illius, cui tuo immo et ipsius malo placuisti." et frustro cibarii panis ei proiecto cubitum facessit.

Interim Cupido solus interioris domus unici cubiculi custodia clausus coercebatur acriter, partim ne petulanti luxurie vulnus gravaret, partim ne cum sua cupita conveniret. sic ergo distentis et sub uno tecto separatis amatoribus taetra nox exantlata.

Sed Aurora commodum inequitante vocatae Psychae Venus infit: „videsne illud nemus, quod fluvio praeterluenti ripisque longis attenditur, cuius imi gurgites vicinum fontem despiciunt? oves ibi nitentes aurique colore

rief alle benachbarten Ameisen herbei: „Habt Mitleid, ihr arbeitsamen Kinder der Allmutter Erde, mit Amors schönem Weibe und helft ihm schnell aus drohender Gefahr!" Unzählige Ameisen kamen auf ihren flinken sechs Beinen herbei und fielen über den Körnerhaufen her; sie sonderten sorgfältig die einzelnen Arten voneinander. Als sie fertig waren, verschwanden sie hurtig. Bei einbrechender Dunkelheit kam Venus vom Hochzeitsschmaus zurück, erhitzt vom Wein, balsamduftend und mit leuchtenden Rosen bekränzt. Als sie sah, wie wunderbar Psyche ihre Aufgabe gelöst hatte, sagte sie: „Du Nichtswürdige! Das hast du nicht mit deiner Hände Arbeit vollbracht. Das hat der getan, dem du gefallen hast zu eurer beider Unglück." Sie warf ihr ein Stück groben Brotes hin und ging dann schlafen.

Amor lag im innersten Teil des Palastes in einem besonderen Zimmer für sich allein und wurde streng bewacht, damit er nicht etwa über die Stränge schlüge und dadurch seine Heilung verzögerte. Auch sollte er nicht die Möglichkeit haben, seine Geliebte aufzusuchen. So weilten Amor und Psyche nahe beieinander unter einem Dache und doch weit voneinander getrennt. Wie traurig für zwei Liebende!

Die Nacht verging. Kaum aber erschien die Morgenröte, ließ Venus Psyche rufen und sprach: „Siehst du den Fluß dort, dessen Quelle nicht weit liegt und der in Wirbeln dahinfließt? An seinen Ufern zieht sich ein Hain hin. Dort weiden Schafe mit goldenem Vließ unbewacht.

florentes incustodito pastu vagantur. inde de coma pre-
tiosi velleris floccum mihi confestim quoquo modo quae-
situm afferas censeo." perrexit Psyche volenter non obsequium quidem illa functura, sed requiem malorum praecipitio fluvialis rupis habitura. sed inde de fluvio musicae
suavis nutricula leni crepitu dulcis aurae divinitus inspi-
rata sic vaticinatur harundo viridis: ,,Psyche, tantis aerumnis exercita neque tua miserrima morte meas sanctas
aquas polluas. nec vero istud horae contra formidabiles
oves feras aditum, quoad de solis fraglantia mutuatae ca-
lorem truci rabie solent efferri cornuque acuto et fronte
saxea et nonnumquam venenatis morsibus in exitium
saevire mortalium. sed dum meridies solis sedaverit va-
porem et pecuda spiritus fluvialis serenitate conquieverint,
poteris sub illa procerissima platano, quae mecum simul
unum fluentum bibit, latenter abscondere; et cum primum
mitigata furia laxaverint oves, percussis frondibus atti-
gui nemoris lanosum aurum veneries, quod passim stirpi-
bus conexis obhaerescit." sic harundo simplex et humana
Psychen aegerrimam salutem suam docebat. nec auscul-
tatu penitus intento diligenter instructa illa cessavit, sed
observatis omnibus furatrina facili flaventis auri mollitie
congestum gremium Veneri reportat.

nec tamen apud dominam saltem secundi laboris periculum secundum testimonium meruit, sed contortis super-
ciliis subridens amarum sic inquit: ,,nec me praeterit huius

Sieh zu, wie du mir schnell eine Flocke von ihrer köstlichen Wolle bringst." Gehorsam machte sich Psyche auf
den Weg, allerdings nicht in der Absicht, dem Befehle
nachzukommen, sondern um durch einen Sturz von dem
Felsen am Flusse ihre Leiden zu beenden. Aber das grüne
Schilfrohr, die Hüterin süßer Melodien, flüsterte ihr von
eines Gottes sanftem Hauch bewegt leise zu: ,,Psyche, du
hast zwar großen Kummer, doch entweihe durch deinen
Tod nicht meine heiligen Fluten. Gehe auch jetzt nicht
zu den bösen Schafen dort drüben. Von der Glut der
Sonne erhitzt sind sie in wilde Raserei geraten und be-
drohen jeden mit ihren spitzen Hörnern, stoßen mit ihrem
harten Schädel zu und beißen mit ihren giftigen Zähnen.
Aber wenn es nachmittags kühler geworden ist und die
Tiere im Hauche des Windes ruhen, der vom Flusse her-
überzieht, kannst du dich hinter jener hohen Platane, die
mit mir aus dem gleichen Strome sich labt, verbergen.
Wenn sich dann die Wut der Schafe völlig gelegt hat,
magst du auf die Suche gehen. Du wirst Flocken der
Goldwolle im dichten Laub der Zweige finden da, wo sich
die Schafe durch den nahen Wald hindurchgezwängt haben." Diesen heilsamen Rat gab ihr das mitfühlende
Schilf zu ihrer Rettung. Sie nahm ihn an und befolgte
ihn aufs genaueste. So brachte sie Venus eine Handvoll gol-
dener Wollflocken.

Aber auch diese gefahrvolle Leistung erwarb ihr nicht
die Zufriedenheit ihrer Herrin, sondern Venus zog finster
die Augenbrauen zusammen und sagte mit bitterem Lä-

quoque facti auctor adulterinus. sed iam nunc ego sedulo periclitabor, an oppido forti animo singularique pruden- tia sis praedita. videsne insistentem celsissimae illi rupi montis ardui verticem, de quo fontis atri fuscae defluunt undae proximaeque conceptaculo vallis inclusae Stygias irrigant paludes et rauca Cocyti fluenta nutriunt? indi- dem mihi de summi fontis penita scaturrigine rorem ri- gentem hauritum ista confestim deferas urnula." sic aiens crystallo dedolatum casculum insuper ei graviora commi- nata tradidit.

At illa studiose gradum celerans montis extremum petit tumulum certe vel illic inventura vitae pessimae fi- nem. sed cum primum praedicti iugi conterminos locos appulit, videt rei vastae letalem difficultatem. namque saxum immani magnitudine procerum et inaccessa sale- britate lubricum mediis e faucibus lapidis fontes horridos evomebat, qui statim proni foraminis lacunis editi perque proclive delapsi et angusti canalis exarto contecto tra- mite proximam convallem latenter incidebant. dextra laevaque cautibus cavatis proserpunt longa colla porrecti saevi dracones inconnivae vigiliae luminibus addictis et in perpetuam lucem pupulis excubantibus. iamque et ipsae metum iniciebant vocales aquae. nam et ,,discede!" et ,,quid facis? vide!" et ,,quid agis? cave!" et ,,fuge!" et

cheln: „Ich weiß, wer diese Arbeit eigentlich vollbracht hat. Aber jetzt will ich dich auf die Probe stellen, ob du wirklich ein mutiges Herz und einen klugen Sinn hast. Siehst du dort auf dem hohen Berge die schroffe Felsspitze aufragen? Dort entspringt ein trübes Gewässer und stürzt tief in einen Talkessel herab, wo es den Stygischen Sumpf bildet und die dumpfbrandenden Fluten des Kokytus speist. Aus dem wilden Strudel dieser Quelle hole mir einen Krug eiskalten Wassers!" Sie reichte ihr darauf unter harten Drohungen einen Krug aus geschliffenem Kristall.

Psyche eilte schnellen Schrittes dem Gipfel des Berges zu; sie meinte, das wäre ihr letzter mühseliger Gang. Als sie sich aber der von Venus bezeichneten Stelle näherte, sah sie sich einer unüberwindlichen Schwierigkeit gegenüber. Der schroffe Fels, der hoch emporragte, war überall unzugänglich. Auf dem äußersten Gipfel spie er aus großer Tiefe gewaltige Wassermassen aus, die jäh den Abhang hinunterstürzten in eine enge Felsenschlucht und von da auf verborgenem Wege brausend ins nächste Tal flossen. Rechts und links lauerten in Höhlen abscheuliche Drachen mit langgestreckten Hälsen; nie schlossen sich ihre Augen zum Schlafe, sondern sie hielten beständig Wache. Allein die tosenden Wasser flößten schon Grauen ein, indem sie unausgesetzt riefen: „Hinweg von hier! Was machst du da? Sieh dich vor! Fliehe, sonst bist du verloren." Psyche erschien es unmöglich, die ihr gestellte Aufgabe zu lösen. Sie erstarrte zu Stein; sie stand zwar

„peribis" subinde clamant. sic impossibilitate ipsa mu-
tata in lapidem Psyche quamvis praesenti corpore sensi-
bus tamen aberat et inextricabilis periculi mole prorsus
obruta lacrimarum etiam extremo solacio carebat. nec
Providentiae bonae graves oculos innocentis animae latuit
aerumna. nam primi Iovis regalis ales illa repente pro-
pansis utrimque pinnis adfuit rapax aquila memorque
veteris obsequii, quo ductu Cupidinis Iovi pocillatorem
Phrygium sustulerat, opportunam ferens opem deique nu-
men in uxoris laboribus percolens alti culminis diales vias
deserit. et ob os puellae praevolans incipit: „at tu simplex
alioquin et expers rerum talium! speras quippe te sanctis-
simi nec minus truculenti fontis vel unam stillam posse
furari vel omnino contingere. diis etiam ipsique Iovi for-
midabiles aquas istas Stygias vel fando comperisti? quod-
que vos deieratis per numina deorum, deos per Stygis maies-
tatem solere? sed cedo istam urnulam!" et protinus ar-
reptam complexa ungue festinat libratisque pinnarum nu-
tantium molibus inter genas saevientium dentium et tri-
sulca vibramina draconum remigium dextra laevaque
porrigens nolentes aquas et ut abiret inde ocius praemi-
nantes excipit commentus ob iussum Veneris petere eique
se praeministrare. quare paulo facilior adeundi fuit copia.
sic acceptam cum gaudio plenam urnulam Psyche Veneri
citata rettulit.

Nec tamen nutum deae saevientis vel tunc expiare po-

da, aber sie hatte kein Gefühl mehr. Der Schmerz war zu groß, als daß sie noch hätte weinen können. Aber die Not der unschuldig Leidenden blieb der gütigen Vorsehung nicht verborgen. Plötzlich erschien mit ausgebreiteten Schwingen der königliche Vogel des allgewaltigen Jupiter, der rasche Adler. Eingedenk dessen, daß ihm einst Amor beistand, als er für Jupiter den Ganymed raubte, eilte er jetzt aus Dankbarkeit der Gemahlin Amors zu Hilfe. Er verließ die himmlischen Höhen, flog zu Psyche und sprach: „Du einfältige und unerfahrene Psyche! Wie kannst du daran denken, an die heilige und doch so grausige Quelle zu gelangen und ihr auch nur einen Tropfen zu entnehmen? Hast du nie davon gehört, daß sogar die Götter und Jupiter selbst dies Gewässer, das zum Styx fließt, meiden und daß die Götter bei der Hoheit des Styx schwören, wie ihr den Eid auf ihre Hoheit leistet? Gib mir deinen Krug her!" Er ergriff das Gefäß und hielt es mit den Krallen fest. Vorbei an den Drachen mit den fletschenden Zähnen und der dreigespaltenen Zunge flog er, indem seine gewaltigen Schwingen auf und nieder gingen. Er schöpfte schwebend das widerspenstige Wasser, das ihn mahnte, sich schleunigst zu entfernen. Er gab an, das Wasser auf Befehl der Venus zu holen, der er damit einen Dienst leiste. Deshalb konnte er auch ohne große Mühe herankommen. Hocherfreut empfing Psyche den vollen Krug und brachte ihn schnell der Venus.

Doch auch dadurch konnte sie nicht ihren Zorn be-

tuit. nam sic eam maiora atque peiora flagitia comminans appellat renidens exitiabile: ,,iam tu quidem maga videris quaedam mihi et alta prorsus malefica, quae talibus praeceptis meis obtemperasti naviter. sed adhuc istud, mea pupula, ministrare debebis. sumo istam pyxidem – et dedit protinus – et usque ad inferos et ipsius Orci ferales penates te derige! conferens pyxidem Proserpinae ,,petit de te Venus'' dicito ,,modicum de tua mittas ei formonsitate vel ad unam saltem dieculam sufficiens. nam quod habuit, dum filium curat aegrotum, consumpsit atque contrivit omne.'' sed haud immaturius redito, quia me necesse est indidem delitam theatrum deorum frequentare''. tunc Psyche vel maxime sensit ultimas fortunas suas et velamento reiecto ad promptum exitium sese compelli manifesto comperit. quidni? quae suis pedibus ultro ad Tartarum Manesque commeare cogeretur.

Nec cunctata diutius pergit ad quampiam turrim praealtam indidem sese datura praecipitem, sic enim rebatur ad inferos recte atque pulcherrime se posse descendere. sed turris prorumpit in vocem subitam et ,,quid te'' inquit ,,praecipitem, misella, quaeris extinguere? quidque iam novissimo periculo laborique isto temere succumbis? nam si spiritus corpore tuo semel fuerit seiugatus, ibis quidem profecto ad imum Tartarum, sed inde nullo pacto redire poteris. mihi ausculta! Lacedaemo Achaiae nobilis civitas non longe sita est, huius conterminam deviis abditam

sänftigen. Sie drohte ihr noch schlimmere Dinge an und sprach höhnisch lächelnd zu ihr: „Du scheinst mir eine ganz gerissene Zauberin zu sein, weil du meine Aufträge so schnell durchführst. Aber mein Kind, du mußt mir noch diesen einen Dienst erweisen. Nimm hier die Büchse und eile damit in die Unterwelt zum Palaste Plutos. Überreiche sie Proserpina und sage dabei: Venus läßt dich bitten, daß du ihr soviel von deiner Schönheit schickst, wie sie für einen Tag braucht. Denn sie hat ihre Schönheit bei der Pflege ihres kranken Sohnes völlig eingebüßt. Komm nicht zu spät zurück, weil ich noch damit angetan zur Götterversammlung gehen will." Nun gab sich Psyche keiner Selbsttäuschung mehr hin; sie fühlte, daß ihr letztes Stündlein geschlagen hatte und sie dem sicheren Verderben entgegenging, weil sie die Unterwelt betreten und die Unterirdischen aufsuchen sollte.

Unverzüglich stieg sie auf einen hohen Turm, um sich von ihm hinabzustürzen; denn sie meinte, auf diese Weise am besten und schnellsten in die Unterwelt zu gelangen. Aber der Turm fing plötzlich an zu sprechen: „Warum willst du Ärmste dich auf diese Weise ums Leben bringen? Warum verlierst du bei dieser letzten gefährlichen Arbeit den Mut? Denn wenn die Seele einmal den Körper verlassen hat, kommst du freilich in die Unterwelt, aber dann kehrst du nie mehr wieder hierher zurück. Hör auf mich! Nicht weit von hier liegt Griechenlands berühmte Stadt Sparta; ganz in der Nähe findest du Tänarum, versteckt und abseits liegend. Dort ist der Eingang zur

locis quaere Taenarum. inibi spiraculum Ditis et per por-
tas hiantes monstratur iter invium. cui te limite trans-
meato simul commiseris, iam canale directe perges ad ip-
sam Orci regiam. sed non hactenus vacua debebis per illas
tenebras incedere, sed offas polentae mulso concretas am-
babus gestare manibus, at in ipso ore duas ferre stipes!
iamque confecta bona parte mortiferae viae continuaberis
claudum asinum lignorum gerulum cum agasone simili,
qui te rogabit decidentis sarcinae fusticulos aliquos por-
rigas ei. sed tu nulla voce deprompta tacita praeterito.
nec mora cum ad flumen mortuum venies, cui praefectus
Charon protinus expetens portorium sic ad ripam ulte-
riorem sutili cumba deducit commeantes. ergo et inter
mortuos avaritia vivit. nec Charon et Ditis pater tan-
tus deus quicquam gratuito facit. sed moriens pauper
viaticum debet quaerere et, aes si forte prae manu non
fuerit, nemo eum exspirare patietur. huic squalido seni
dabis nauli nomine de stipibus quas feres alteram, sic
tamen ut ipsa sua manu de tuo sumat ore. nec setius
tibi pigrum fluentum transmeanti quidam supernatans
senex mortuus putris attollens manus orabit, ut eum intra
navigium trahas. nec tu tamen illicita afflectare pietate.
transito fluvio modicum te progressam textrices orabunt
anus telam struentes, manus paulisper accommodes. nec id

Unterwelt; durch weit offene Tore führt ein unwegsamer Pfad hinunter. Bist du erst einmal durch die Tore geschritten und hinuntergestiegen, dann kommst du geradewegs zum Palaste Plutos. Aber du darfst den Gang in die Finsternis nicht mit leeren Händen antreten. Du mußt einen Honigkuchen in jeder Hand tragen und mit dem Munde zwei Münzen festhalten. Wenn du ein gut Stück Weges zurückgelegt hast, wirst du einen lahmen Esel mit Holz beladen und einen hinkenden Eselstreiber treffen. Der wird dich bitten, ihm ein paar heruntergefallene Scheite aufzuheben; du aber mußt schweigend vorübergehen. Du kommst dann gleich zum Totenfluß, den Charon hütet; ehe er die Ankömmlinge in seinem lederüberzogenen Nachen ans andere Ufer übersetzt, fordert er von jedem den Fährlohn. Sogar im Reich der Toten ist man habsüchtig. Selbst ein so mächtiger Gott wie Pluto und auch der Fährmann Charon tun nichts umsonst. Auch der Ärmste muß, wenn er zum Sterben kommt, einen Zehrpfennig bereit halten, sonst kann er nicht sterben. Du mußt dem schmutzigen Greise eine von deinen Münzen als Fährlohn geben, aber er muß sie dir selbst aus dem Munde nehmen. Wenn du dann über den träge dahinfließenden Strom fährst, wird der Schatten eines toten Greises vor dir auftauchen, seine welken Hände erheben und dich bitten, ihn ins Schiff zu ziehen. Du darfst dich aber nicht durch falsches Mitleid beeinflussen lassen. Hast du den Strom überquert, wirst du, wenn du ein Stück gegangen bist, alte Frauen am Webstuhl treffen. Diese

tamen tibi contingere fas est. nam haec omnia tibi et multa alia de Veneris insidiis orientur, ut vel unam de manibus omittas offulam. nec putes futile istud polentacium damnum leve. altera enim perdita lux haec tibi prorsus denegabitur. canis namque praegrandis teriugo et satis amplo capite praeditus, immanis et formidabilis, tonantibus oblatrans faucibus mortuos, quibus iam nil mali potest facere, frustra territando ante ipsum limen et atra atria Proserpinae semper excubans servat vacuam Ditis domum. hunc offrenatum unius offulae praeda facile praeteribis ad ipsamque protinus Proserpinam introibis, quae te comiter excipiet ac benigne, ut et molliter assidere et praedium opipare suadeat sumere. sed tu et humi reside et panem sordidum petitum esto. deinde nuntiato, quid adveneris, susceptoque quod offeretur rursus remeans canis saevitiem offula reliqua redime. ac deinde avaro navitae data quam reservaveras stipe transitoque eius fluvio recalcans priora vestigia ad istum caelestium siderum redies chorum. sed inter omnia hoc observandum praecipue tibi censeo, ne velis aperire vel inspicere illam quam feres pyxidem vel omnino divinae formonsitatis abditum curiosius thesaurum." Sic turris illa prospicua vaticinationis munus explicuit.

werden dich bitten, mit Hand anzulegen; ihrer Bitte darfst du aber nicht willfahren. Denn dies alles und noch vieles andere geschieht auf Betreiben der Venus und bezweckt, daß du einen Kuchen aus den Händen verlierst. Halte den Verlust eines Kuchens nicht für unbedeutend; denn wenn du ihn nicht mehr besitzt, wirst du das Tageslicht niemals mehr erblicken. Ein wilder riesiger Hund mit drei Köpfen liegt auf der Schwelle zu Proserpinas düsteren Gemächern und bewacht das Reich der Schatten. Mit unheimlichem Gebell sucht er vergeblich die Toten zu schrecken, denen er freilich nichts mehr anhaben kann. Lenk ihn ab, indem du ihm einen Honigkuchen zuwirfst. Leicht wirst du dann an ihm vorbeikommen und in das Haus Proserpinas gelangen. Sie wird dich freundlich aufnehmen und dich auffordern, neben ihr auf weichen Polstern Platz zu nehmen und mit ihr zu frühstücken. Du aber setze dich auf den Fußboden und bitte um ein Stück groben Brotes. Dann teile ihr mit, weswegen du gekommen bist. Nimm, was sie dir geben wird, und mach dich damit auf den Rückweg. Stille die Wut des Hundes mit dem zweiten Kuchen und gib dem habgierigen Fährmann die Münze, die du noch übrig hast. Er wird dich dafür wieder über den Fluß setzen, und du kannst jetzt auf dem bekannten Wege auf die Erde unter die funkelnden Sterne zurückkehren. Ich rate dir nur das eine: Hüte dich davor, neugierig die Büchse zu öffnen und den Schatz göttlicher Schönheit, den sie enthält, zu betrachten.‟ Solche Weisung gab Psyche die mahnende Stimme in dem Turm.

Nec morata Psyche pergit Taenarum sumptisque rite stipibus illis et offulis infernum decurrit meatum transitoque per silentium asinario debili et amnica stipe vectori data neglecto supernatantis mortui desiderio et spretis textricum subdolis precibus et offulae cibo sopita canis horrenda rabie domum Proserpinae penetrat. nec offerentis hospitae sedile delicatum vel cibum beatum amplexa, sed ante pedes eius residens humilis et cibario pane contenta Veneriam pertulit legationem. statimque secreto repletam conclusamque pyxidem suscipit et offulae sequentis fraude caninis latratibus obseratis residuaque navitae reddita stipe longe vegetior ab inferis recurrit. et repetita atque adorata candida ista luce quamquam festinans obsequium terminare mentem capitur temeraria curiositate. et „ecce" inquit „inepta ego divinae formonsitatis gerula, quae ne tantillum quidem indidem mihi delibo vel sic illi amatori meo formonso placitura". et cum dicto reserat pyxidem nec quicquam ibi rerum nec formonsitas ulla, sed infernus somnus ac vere Stygius. qui statim coperculo revelatus invadit eam crassaque soporis nebula cunctis eius membris perfunditur et in ipso vestigio ipsaque se-

Sofort eilte Psyche nach Tänarum und stieg versehen mit den Kuchen und den Münzen in die Unterwelt hinunter. Sie ging schweigend an dem lahmen Eselstreiber vorüber, entrichtete dem Fährmann seinen Lohn und überhörte die wehmütigen Bitten des auftauchenden Greises und der falschen Weberinnen. Sie besänftigte den wütenden Hund mit dem Kuchen und trat in das Haus Proserpinas ein. Dort nahm sie das freundlich angebotene Polster und das herrliche Frühstück nicht an, sondern setzte sich demütig zu Füßen der Göttin nieder, mit einem Stück groben Brotes sich begnügend, und brachte das Anliegen der Venus vor. Sie empfing die verschlossene, geheimnisvolle Büchse und, nachdem sie das Bellen des Hundes durch den zweiten Kuchen zum Verstummen gebracht hatte und auch noch den Fährmann mit der letzten Münze bezahlt hatte, kam sie viel heiterer aus der Unterwelt zurück. Sie begrüßte freudig das Licht des Himmels. Obwohl sie sich beeilen mußte, wurde sie doch von verderblicher Neugier erfaßt. ,,Ich bin eigentlich'', so sagte sie, ,,recht töricht, daß ich göttliche Schönheit in den Händen trage, ohne mir etwas davon anzueignen. Dadurch könnte ich mir vielleicht die Liebe meines schönen Liebhabers wieder zurückgewinnen.'' Mit diesen Worten öffnete sie die Büchse. Sie enthielt nichts, auch keine Schönheit, wohl aber einen bleiernen, totenähnlichen Schlaf. Sobald der Deckel geöffnet war, fuhr er heraus und überwältigte sie. Alle ihre Glieder wurden von tiefer Müdigkeit erfaßt; sie sank, wie sie ging und stand, zu

*mita collapsam possidet. et iacebat immobilis et nihil
aliud quam dormiens cadaver.*

*Sed Cupido iam cicatrice solida revalescens nec diu-
tinam suae Psyches absentiam tolerans per altissimam
cubiculi quo cohibebatur elapsus fenestram refectisque pinnis aliquanta quiete longe velocius provolans Psychen ac-
currit suam. detersoque somno curiose et rursum in pris-
tinam pyxidis sedem recondito Psychen innoxio punctulo sagittae suae suscitat et „ecce" inquit „rursum peri-
eras, misella, simili curiositate. sed interim quidem tu
provinciam, quae tibi matris meae praecepto mandata
est, exsequere naviter; cetera egomet videro." his dictis
amator levis in pinnas se dedit, Psyche vero confestim
Veneri munus reportat Proserpinae.*

*Interea Cupido amore nimio peresus et aegra facie ma-
tris suae repentinam sobrietatem pertimescens ad armil-
lum redit alisque pernicibus caeli penetrato vertice magno
Iovi supplicat suamque causam probat. tunc Iuppiter
prehensa Cupidinis buccula manuque ad os suum relata
consaviat atque sic ad illum „licet tu" inquit „domine fili,
numquam mihi concessu deum decretum servaris honorem,
sed istud pectus meum, quo leges elementorum et vices
siderum disponuntur, convulneraris assiduis ictibus cre-*

Boden und war dem Schlaf verfallen. Unbeweglich lag sie am Wege wie eine Tote.

Amor war jetzt von seiner Wunde wieder genesen und konnte nicht länger die Trennung von seiner Psyche ertragen. Er entwischte durch das hohe Fenster des Raumes, in dem er gefangen gehalten wurde. Da seine Schwingen lange Ruhe gehabt hatten, trugen sie ihn schneller als sonst zu seiner Psyche. Er verscheuchte behutsam den Schlaf und sperrte ihn wieder in die Büchse. Dann weckte er Psyche mit der Spitze eines unschädlichen Pfeiles und sagte zu ihr: ,,Da wärst du Ärmste beinahe wieder durch deine Neugier umgekommen! Aber geh jetzt und erledige gewissenhaft den Auftrag, den dir meine Mutter gegeben hat. Für das Weitere laß mich Sorge tragen!" Nach diesen Worten erhob er sich leichtbeschwingt in die Lüfte, Psyche aber brachte der Venus das Geschenk Proserpinas.

Amor war aufs neue in Liebe zu Psyche entbrannt, und weil er fürchtete, seine Mutter würde ihn der Nüchternheit ausliefern, griff er bekümmert zu seinen alten Ränkespielen. Auf schnellen Schwingen flog er in den Himmel und klagte dem mächtigen Jupiter sein Leid. Da kniff ihn Jupiter in die Wange, zog ihn zu sich heran, um ihn zu küssen, und sagte: ,,Mein Sohn! Du hast mir niemals die schuldige Ehrerbietung erwiesen, die mir nach dem Urteil der Götter zusteht; sondern immer wieder hast du mich, nach dessen Willen die Elemente wirken und die Gestirne ihre Bahn einhalten, mit deinen Pfeilen verwundet und zu so viel Liebschaften auf der Erde und

brisque terrenae libidinis foedaveris casibus contraque leges et ipsam Juliam disciplinamque publicam turpibus adulteriis existimationem famamque meam laeseris in serpentes, in ignes, in feras, in aves et gregalia pecua serenos vultus meos sordide reformando. at tamen modestiae meae memor quodque inter istas meas manus creveris, cuncta perficiam, dum tamen scias aemulos tuos cavere ac, si qua nunc in terris puella praepollet pulchritudine, praesentis beneficii vicem per eam mihi repensare te debere."

Sic fatus iubet Mercurium deos omnes ad contionem protinus convocare ac, si qui coetu caelestium defuisset, in poenam decem milium nummum conventum iri pronuntiare. quo metu statim completo caelesti theatro pro sede sublimi sedens procerus Iuppiter sic enuntiat: „dei conscripti Musarum albo, adulescentem istum quod manibus meis alumnatus sim, profecto scitis omnes, cuius primae iuventutis caloratos impetus freno quodam coercendos existimavi. sat est cotidianis eum fabulis ob adulteria cunctasque corruptelas infamatum. tollenda est omnis occasio et luxuria puerilis nuptialibus pedicis alliganda. puellam elegit et virginitate privavit. teneat, possideat, amplexus Psychen semper suis amoribus perfruatur!" et ad Venerem collata facie „nec tu" inquit „filia, quic-

so viel Verstößen gegen alle Gesetze der Zucht und Ehrbarkeit verleitet, daß mein Ansehen schwer darunter leiden mußte. Du hast dabei meine verehrungswürdige Gestalt in Schlangen und Flammen, in Vögel und in einen Stier verwandelt. Trotzdem will ich Milde walten lassen, und weil du unter meinen Augen aufgewachsen bist, alles zu einem guten Ende führen. Du mußt dich zwar selber in Zukunft vor deinen Nebenbuhlern in acht nehmen. Wenn es aber auf der Erde ein besonders schönes Mädchen gibt, dann mußt du es mir zur Belohnung für meine Hilfe zuführen."

Darauf erteilte er Merkur den Befehl, sofort alle Götter zu einer Versammlung einzuberufen und, wenn einer nicht erscheinen wollte, ihm eine Buße von zehntausend Sesterzen anzukündigen. Aus Furcht vor der Strafe kamen sie alle, und Jupiter sprach hoheitsvoll von seinem erhöhten Sitze aus: ,,Götter und Göttinnen, deren Namen die Musen aufgezeichnet haben! Ihr kennt alle diesen Jüngling, den ich selbst erzogen habe. Ich finde, es ist jetzt an der Zeit, sein feuriges Ungestüm zu zügeln. Er hat schon genug durch tolle Liebesgeschichten seinen Ruf geschädigt; fast täglich spricht man von ihm und seinen Ausschweifungen. Dem wollen wir nun einen Riegel vorschieben und seinen Übermut durch die Fesseln der Ehe bändigen. Er hat sich ein Mädchen erwählt und ihm seine Unschuld genommen; er soll sie zur Gemahlin haben und in ihren Armen stete Liebe genießen." Er wandte sich jetzt zu Venus und sagte: ,,Du, meine Tochter, sei nicht

quam contristere nec prosapiae tantae tuae statuique de
matrimonio mortali metuas. iam faxo nuptias non impares, sed legitimas et iuri civili congruas." et ilico per
Mercurium arripi Psychen et in caelum perduci iubet.
porrecto ambrosiae poculo ,,sume" inquit ,,Psyche et im-
mortalis esto! nec umquam digredietur a tuo nexu Cupido,
sed istae vobis erunt perpetuae nuptiae."

Nec mora cum cena nuptialis affluens exhibetur. ac-
cumbebat summum torum maritus, Psychen gremio suo
complexus. sic et cum sua Iunone Iuppiter ac deinde per
ordinem toti dei. tunc poculum nectaris, quod vinum
deorum est, Iovi quidem suus pocillator, ille rusticus puer,
ceteris vero Liber ministrabat. Vulcanus cenam coquebat,
Horae rosis et ceteris floribus purpurabant omnia, Gra-
tiae spargebant balsama, Musae voce canora personabant,
Apollo cantavit ad citharam, Venus suavi musicae sup-
pari gressu formonsa saltavit scaena sibi sic concinnata,
ut Musae quidem chorum canerent, tibias inflaret Sa-
tyrus et Paniscus ad fistulam diceret.

Sic rite Psyche convenit in manum Cupidinis et nasci-
tur illis maturo partu filia, quam Voluptatem nomina-
mus.

traurig und befürchte nichts für deine Sippe und für dein Ansehen wegen dieser Ehe mit einem Menschenkinde. Ich werde diese Ehe schon gesetzmäßig und vollgültig machen." Er ließ Psyche durch Merkur sofort in den Himmel holen. Er reichte ihr einen Becher mit Nektar gefüllt und sprach: *"Trink, Psyche, und werde dadurch unsterblich! Niemals mehr wird dich Amor verlassen; euch verknüpft von nun an auf ewig das Band der Liebe."*

Sogleich rüsteten die Götter zu einem herrlichen Hochzeitsschmaus. Den Ehrenplatz nahm Amor ein; neben ihm lag Psyche, den Arm auf seinen Schoß gestützt. An ihrer Seite ließen sich Jupiter und Juno auf dieselbe Weise nieder, und dann kamen die anderen Götter alle der Reihe nach. Dem Jupiter reichte sein Mundschenk Ganymed den Becher mit Nektar, während die anderen Bacchus bediente. Vulkan kochte das Essen, die Horen schmückten alles mit Rosen und anderen Blüten. Die Grazien verbreiteten einen balsamischen Duft, und die Musen erfreuten durch süße Weisen, während Apoll zur Zither sang. Venus tanzte nach der Musik. Ihr Tanz wurde unterbrochen durch Chorgesang der Musen, der von der Flöte eines Satyrs begleitet wurde, und durch Darbietungen eines jungen Pan mit der Hirtenpfeife.

So wurde Psyche rechtmäßig mit Amor vermählt. Dieser Ehe entsproß eine Tochter, die die Menschen die Lust nennen.

Musaios

Hero und Leander

Εἰπέ, θεά, κρυφίων
                    ἐπιμάρτυρα λύχνον Ἐρώτων
καὶ νύχιον πλωτῆρα
                    θαλασσοπόρων ὑμεναίων
καὶ γάμον ἀχλυόεντα, τὸν οὐκ ἴδεν ἄφθιτος Ἠώς,
καὶ Σηστὸν καὶ Ἄβυδον, ὅπη γάμον ἔννυχον Ἡροῦς
σμυχόμενόν τε Λέανδρον ὁμοῦ καὶ λύχνον ἀκούω,
λύχνον ἀπαγγέλλοντα διακτορίην Ἀφροδίτης,
Ἡροῦς νυκτιγάμοιο γαμοστόλον ἀγγελιώτην,
λύχνον, Ἔρωτος ἄγαλμα· τὸν ὤφελεν αἰθέριος Ζεὺς
ἐννύχιον μετ᾽ ἄεθλον ἄγειν ἐς ὁμήγυριν ἄστρων
καί μιν ἐπικλῆσαι νυμφοστόλον ἄστρον Ἐρώτων,
ὅττι πέλεν συνέριθος ἐρωμανέων ὀδυνάων.
ἀγγελίην δ᾽ ἐφύλαξεν ἀκοιμήτων ὑμεναίων,
πρὶν χαλεπαῖς πνοιῇσιν ἀήμεναι ἐχθρὸν ἀήτην.
ἀλλ᾽ ἄγε μοι μέλποντι μίαν συνάειδε τελευτὴν
λύχνου σβεννυμένοιο καὶ ὀλλυμένοιο Λεάνδρου.

*

Σηστὸς ἔην καὶ Ἄβυδος ἐναντίον ἐγγύθι πόντου.
γείτονές εἰσι πόληες. Ἔρως δ᾽ ἑὰ τόξα τιταίνων
ἀμφοτέραις πολίεσσιν ἕνα ξύνωσεν ὀϊστόν
ἠίθεον φλέξας καὶ παρθένον. οὔνομα δ᾽ αὐτῶν
ἱμερόεις τε Λέανδρος ἔην καὶ παρθένος Ἡρώ.

Muse, künd' von der Fackel,

der Zeugin heimlicher Hochzeit,

künd' von dem Schwimmer, der kühn

aus Liebe das Meer überquerte,

von Abydos und Sestos, der Stätte verborgener Liebe,

und von den mitternächtlichen Küssen, die Eos nicht schaute.

Künde, Muse, vom Schwimmer Leander, künd' von der Fackel,

Aphrodites Gesandtin, der botschaftbringenden Fackel,

welche dem Liebenden zeigte den Weg zu seiner Geliebten,

lodernd wie Eros Fackel. Die hätte Zeus zu den Sternen

sollen erheben nach nächtlichem Dienst und hätte sie nennen

sollen den hochzeitkündenden Stern des Gottes der Liebe.

Sie nur wußt' um die Freuden und Sorgen und wahrte

schweigend und treu das Geheimnis der nächtlichen Liebe,

ehe der grimmige Sturm sich erhob mit schrecklichem Brausen.

Aber wohlan, o Muse, künde mir Sänger das Ende,

wie die Fackel erlosch und Leander den grausigen Tod fand.

*

Sestos war Abydos benachbart. Es rauschten des Meeres

Wogen zwischen den Städten dahin. Da spannte den Bogen

Eros, der Liebenden Gott, und traf mit dem Pfeile die Städte.

Er entflammte den Jüngling und auch die blühende Jungfrau.

Hero war der Name der Jungfrau, des Jünglings Leander.

ἡ μὲν Σηστὸν ἔναιεν, ὁ δὲ πτολίεθρον Ἀβύδου,
ἀμφοτέρων πολίων περικαλλέες ἀστέρες ἄμφω
εἴκελοι ἀλλήλοισι. σὺ δ᾽, εἴ ποτε κεῖθι περήσεις,
δίζεό μοί τινα πύργον, ὅπῃ ποτὲ Σηστιὰς Ἡρὼ
ἵστατο λύχνον ἔχουσα καὶ ἡγεμόνευε Λεάνδρῳ.
δίζεο δ᾽ ἀρχαίης
                ἁλιηχέα πορθμὸν Ἀβύδου
εἰσέτι που κλαίοντα μόρον
                        καὶ ἔρωτα Λεάνδρου.
ἀλλὰ πόθεν Λείανδρος
                    Ἀβυδόθι δώματα ναίων
Ἡροῦς εἰς πόθον ἦλθε, πόθῳ δ᾽ ἐνέδησε καὶ αὐτήν;
Ἡρὼ μὲν χαρίεσσα
                Διοτρεφὲς αἷμα λαχοῦσα
Κύπριδος ἦν ἱέρεια· γάμων δ᾽ ἀδίδακτος ἐοῦσα
πύργον ἀπὸ προγόνων παρὰ γείτονι ναῖε θαλάσσῃ,
ἄλλη Κύπρις ἄνασσα. σαοφροσύνῃ δὲ καὶ αἰδοῖ …
οὐδέ ποτ᾽ ἀγρομένῃσι συνωμίλησε γυναιξὶν
οὐδὲ χορὸν χαρίεντα μετήλυθεν ἥλικος ἥβης
μῶμον ἀλευομένη ζηλήμονα θηλυτεράων,
– καὶ γὰρ ἐπ᾽ ἀγλαΐῃ ζηλήμονές εἰσι γυναῖκες –
ἀλλ᾽ αἰεὶ Κυθέρειαν ἱλασκομένη μετ᾽ Ἀθήνην
πολλάκι καὶ τὸν Ἔρωτα παρηγορέεσκε θυηλαῖς
μητρὶ σὺν οὐρανίῃ φλογερὴν τρομέουσα φαρέτρην.
ἀλλ᾽ οὐδ᾽ ὣς ἀλέεινε πυριπνείοντας ὀιστούς.
δὴ γὰρ Κυπριδίη πανδήμιος ἦλθεν ἑορτή,
τὴν ἀνὰ Σηστὸν ἄγουσιν Ἀδώνιδι καὶ Κυθερείῃ.
πασσυδίῃ δ᾽ ἔσπευδον ἐς ἱερὸν ἦμαρ ἱκέσθαι,

Dieser wohnt' in Abydos, jene dagegen in Sestos.
Beide waren der beiden Städte schönste Gestirne;
beide glichen einander. Du sollst, wenn du je dort verweilest,
fragen nach ihnen den Turm, auf den sich stellte das Mädchen,
in der Hand eine Fackel, die Bahn Leanders erleuchtend.
Frage nach ihnen das rauschende Meer
                     und den Strand von Abydos,
der stets klagt, daß Leander gestorben
                       und mit ihm die Jungfrau.
Aber wie schlich sich die Lieb' in das Herz
                    des abydischen Jünglings
und wie gewann er so schnell die Liebe der Jungfrau aus Sestos?
Aus dem Geschlechte des Zeus
                war entsprossen die liebliche Hero,
Priesterin Aphrodites. Doch fremd war ihr selber die Liebe.
Sie bewohnte der Ahnen Turm, am Gestade erbauet.
Äußerlich glich sie in ihrer Schönheit der Göttin der Liebe.
Doch auch züchtig war sie und weise wie Pallas Athene.
Niemals mischte sie sich in die Kreise geselliger Frauen,
niemals nahm sie teil an den lieblichen Reigen der Jugend.
Emsig mied sie die stechende Zunge der Frauen, die immer
neidisch und unversöhnlich verfolgen die schönere Jungfrau.
Zweier Göttinnen Huld, Athenes wie Aphrodites,
suchte sie sich zu erwerben durch häufiges Opfern im Tempel.
Oftmals stimmte sie Eros, den Sohn einer göttlichen Mutter,
gnädig durch herrliche Gaben. Vor seinem flammenden Köcher
hatte sie Angst, doch floh umsonst sie die feurigen Pfeile.
Jährlich kehrte in Sestos wieder das Fest Aphrodites,

ὅσσοι ναιετάασκον ἁλιστεφέων σφυρὰ νήσων . . .
οἱ μὲν ἀφ᾽ Αἱμονίης, οἱ δ᾽ εἰναλίης ἀπὸ Κύπρου.
οὐδὲ γυνή τις ἔμιμνεν ἀνὰ πτολίεθρα Κυθήρων
οὐ Λιβάνου θυόεντος ἐνὶ πτερύγεσσι χορεύων
οὐδὲ περικτιόνων τις ἐλείπετο τῆμος ἑορτῆς,
οὐ Φρυγίης ναέτης, οὐ γείτονος ἀστὸς Ἀβύδου
οὐδέ τις ἠιθέων φιλοπάρθενος. ἢ γὰρ ἐκεῖνοι
αἰὲν ὁμαρτήσαντες, ὅπῃ φάτις ἐστὶν ἑορτῆς,
οὐ τόσον ἀθανάτοισιν ἄγειν σπεύδουσι θυηλάς,
ὅσσον ἀγειρομένων διὰ κάλλεα παρθενικάων.
ἡ δὲ θεῆς ἀνὰ νηὸν
            ἐπῴχετο παρθένος Ἡρὼ
μαρμαρυγὴν χαρίεσσαν ἀπαστράπτουσα προσώπου
οἷά τε λευκοπάρῃος
            ἐπαντέλλουσα Σελήνη.
ἄκρα δὲ χιονέης
            φοινίσσετο κύκλα παρειῆς
ὡς ῥόδον ἐκ καλύκων διδυμόχροον. ἢ τάχα φαίης
Ἡροῦς ἐν μελέεσσι ῥόδων λειμῶνα φανῆναι.
χροιὴ γὰρ μελέων ἐρυθαίνετο, νισσομένης δὲ
καὶ ῥόδα λευκοχίτωνος ὑπὸ σφυρὰ λάμπετο κούρης.
πολλαὶ δ᾽ ἐκ μελέων Χάριτες ῥέον. οἱ δὲ παλαιοὶ
τρεῖς Χάριτας ψεύσαντο πεφυκέναι. εἷς δέ τις Ἡροῦς
ὀφθαλμὸς γελόων ἑκατὸν Χαρίτεσσι τεθήλει.
ἀτρεκέως ἱέρειαν ἐπάξιον εὕρατο Κύπρις.
ὣς ἡ μὲν περὶ πολλὸν ἀριστεύουσα γυναικῶν
Κύπριδος ἀρήτειρα, νέη διεφαίνετο Κύπρις.
δύσατο δ᾽ ἠιθέων ἀπαλὰς φρένας οὐδέ τις αὐτῶν

das ihre Trauer um ihren Geliebten Adonis verherrlicht.
Scharen eilten herbei, um das heilige Fest zu begehen.
Von Thessalien diese, jene vom Inselland Cypern.
Alle Frauen hatten die Städte Cytheras verlassen,
nicht mehr reizten sie jetzt die Tänze auf Libanus' Höhen.
Keiner der Nachbarn blieb ferne dem Feste der Göttin,
keiner aus Phrygien, keiner vom nahgelegnen Abydos,
keiner der mädchenliebenden Jünglinge, welche beständig
dahin eilen, wohin sie lockt eines Festes Getriebe,
nicht so begierig, Opfer zu bringen den ewigen Göttern,
sondern zu sehn den versammelten
                Schwarm der blühenden Jungfraun.
Hero, die Jungfrau, ging umher in dem Tempel der Göttin.
Ihrem Antlitz entstrahlte
                der Glanz von lieblicher Schönheit,
milde und sanft wie des Mondes
                Leuchten in Nächten des Sommers.
Rot übergoß ihre schneeigen Wangen. So schimmert die Rose,
wenn ihre Knospe sich öffnet. An allen Gliedern des Körpers
Rosen ähnlich, roten und weißen, wie sie in Gärten
bunt durcheinander blühen, so blühte die Jungfrau. Es wallte
nieder ein weißes Gewand bis zu der rosigen Ferse.
Anmut sprach aus jeder Bewegung. Es wähnten die Alten,
daß der Grazien drei nur wären; der lächelnden Hero
blickten fröhlich aus leuchtenden Augen der Grazien viele.
Eine würdige Magd sich hatte erwählt Aphrodite,
die bei weitem die herrlichste war im Kreise der Frauen.
Priesterin war sie im Dienste der Göttin. Doch selber die Göttin,

ἦεν, ὃς οὐ μενέαινεν ἔχειν ὁμοδέμνιον Ἡρώ.
ἡ δ᾽ ἄρα καλλιθέμεθλον ὅπῃ κατὰ νηὸν ἀλᾶτο,
ἐσπόμενον νόον εἶχε καὶ ὄμματα καὶ φρένας ἀνδρῶν.
καί τις ἐν ἠιθέοισιν ἐθαύμασε καί φάτο μῦθον·
„καὶ Σπάρτης ἐπέβην,
                              Λακεδαίμονος ἔδρακον ἄστρον,
ἧχι μόθον καὶ ἄεθλον ἀκούομεν ἀγλαϊάων.
τοίην δ᾽ οὔ ποτ᾽ ὄπωπα νέην ἰδανήν θ᾽ ἁπαλήν τε.
ἦ τάχα κύπρις ἔχει Χαρίτων μίαν ὁπλοτεράων.
παπταίνων ἐμόγησα, κόρον δ᾽ οὐχ εὗρον ὀπωπῆς.
αὐτίκα τεθναίην λεχέων ἐπιβήμενος Ἡροῦς.
οὐκ ἂν ἐγὼ κατ᾽ Ὄλυμπον ἐφιμείρω θεὸς εἶναι
ἡμετέρην παράκοιτιν ἔχων ἐνὶ δώμασιν Ἡρώ.
εἰ δέ μοι οὐκ ἐπέοικε τεὴν ἱέρειαν ἀφάσσειν,
τοίην μοι, Κυθέρεια, νέην παράκοιτιν ὀπάσσαις."
τοῖα μὲν ἠιθέων τις ἐφώνεεν. ἄλλοτε δ᾽ ἄλλος
ἕλκος ὑποκλέπτων ἐπεμήνατο κάλλεϊ κούρης.
αἰνοπαθὲς Λείανδρε, σὺ δ᾽, ὡς ἴδες εὐκλέα κούρην,
οὐκ ἔθελες κρυφίοισι
                              κατατρύχειν φρένα κέντροις.
ἀλλὰ πυριβλήτοισι
                    δαμεὶς ἀδόκητον ὀιστοῖς
οὐκ ἔθελες ζώειν περικαλλέος ἄμμορος Ἡροῦς.
σὺν βλεφάρων δ᾽ ἀκτῖσιν ἀέξετο πυρσὸς Ἐρώτων
καὶ κραδίη πάφλαζεν ἀνικήτου πυρὸς ὁρμῇ.
κάλλος γὰρ περίπυστον ἀμωμήτοιο γυναικὸς
ὀξύτερον μερόπεσσιν πέλει πτερόεντος ὀιστοῦ.
ὀφθαλμὸς δ᾽ ὁδός ἐστιν. ἀπ᾽ ὀφθαλμοῖο βολάων

Göttin der Liebe schien sie zu sein, so wähnt', wer sie anschaut.
Ungestüm schlugen der Jünglinge Herzen. Keiner der Männer
sah sie, ohne sie sich zur Bettgenossin zu wünschen.
Überall, wo sie erschien im schöngebaueten Tempel,
folgten ihr nach der Wunsch und das Herz
                          und das Auge der Männer.
Alle Jünglinge staunten, und einer sagte zum andern:
„Sparta hab' ich besucht, das schönste Gestirn Lakedaemons,
wo man preist, wenn edle Körper sich messen im Wettstreit.
Heute waltet scheinbar im Tempel der Grazien jüngste.
Meine Augen ermüden. Mich sättigt nimmer ihr Anschaun.
Mit dem augenblicklichen Tod erkaufte ich gern mir ihr Bette.
Keiner der Götter des hohen Olymps begehrt' ich zu werden,
wenn sie lebte mit mir als mein Weib in meiner Behausung.
Darf ich jedoch, o Göttin der Liebe, die Priesterin Hero
nicht berühren, so gib mir ein Mädchen wie sie zur Gemahlin."
Also sprachen der Jünglinge viele; doch viele verbargen,
wenn auch entflammt von ihrer Schönheit, die brennende Liebe.
Doch dein Schicksal, Leander, war schwerer.
                              Sobald du sie sahest,
wolltest du nicht dein Herz
                verzehren durch heimliches Glimmen;
sondern unerwartet getroffen vom flammenden Pfeile
warst du entschlossen zu sterben, wenn du nicht Hero bekämest.
Ihre leuchtenden Augen vermehrten das Feuer der Liebe.
Es entbrannte dein Herz in nie verlöschenden Gluten.
Denn es hatte die Schönheit der unbescholtenen Jungfrau
tiefer als schnelle Pfeile es tun den Jüngling verwundet.

κάλλος ὀλισθαίνει καὶ ἐπὶ φρένας ἀνδρὸς ὁδεύει.
εἷλε δέ μιν τότε θάμβος, ἀναιδείη, τρόμος, αἰδώς.
ἔτρεμε μὲν κραδίην,
        αἰδὼς δέ μιν εἶχεν ἁλῶναι.
θάμβεε δ᾽ εἶδος ἄριστον,
        ἔρως δ᾽ ἀπενόσφισεν αἰδῶ.
θαρσαλέως δ᾽ ὑπ᾽ ἔρωτος ἀναιδείην ἀγαπάζων
ἠρέμα ποσσὶν ἔβαινε καὶ ἀντίος ἵστατο κούρης.
λοξὰ δ᾽ ὀπιπεύων δολερὰς ἐλέλιζεν ὀπωπὰς
νεύμασιν ἀφθόγγοισι παραπλάζων φρένα κούρης.
αὐτὴ δ᾽, ὡς συνέηκε πόθον δολόεντα Λεάνδρου,
χαῖρεν ἐπ᾽ ἀγγελίῃσιν. ἐν ἡσυχίῃ δὲ καὶ αὐτὴ
πολλάκις ἱμερόεσσαν ἑὴν ἐπέκυψεν ὀπωπὴν
νεύμασι λαθριδίοισιν ἐπαγγέλλουσα Λεάνδρῳ
καὶ πάλιν ἀντέκλινεν. ὁ δ᾽ ἔνδοθι θυμὸν ἰάνθη,
ὅττι πόθον συνέηκε
        καὶ οὐκ ἀπεσείσατο κούρη.
ὄφρα μὲν οὖν Λείανδρος ἐδίζετο λάθριον ὥρην,
φέγγος ἀναστείλασα κατήιεν εἰς δύσιν Ἠώς,
ἐκ περάτης δ᾽ ἀνέτελλε βαθύσκιος Ἕσπερος ἀστήρ.
αὐτὰρ ὁ θαρσαλέως μετεκίαθεν ἐγγύθι κούρης,
ὡς ἴδε κυανόπεπλον
        ἐπιθρώσκουσαν ὀμίχλην.
ἠρέμα δὲ θλίβων ῥοδοειδέα δάκτυλα κούρης
βυσσόθεν ἐστενάχιζεν ἀθέσφατον. ἡ δὲ σιωπῇ
οἷά τε χωομένη ῥοδέην
        ἐξέσπασε χεῖρα.
ὡς δ᾽ ἐρατῆς ἐνόησε χαλίφρονα νεύματα κούρης,

Ihrem Auge entfleucht' das Geschoß und traf ihn im Auge,
aber es drang bald tiefer und traf Leander im Herzen.
Mächtiges Staunen ergriff ihn
         und Kühnheit und Ehrfurcht und Beben;
ängstlich schlug ihm sein Herz,
         es machte die Scham ihn befangen.
Heros Schönheit staunte er an. Doch vertrieb ihm die Liebe
seine Befangenheit wieder und machte ihn dreist und verwegen.
Leise trat er herzu und stellte sich ihr gegenüber;
wandte sich ab von ihr, doch fand sein Auge das ihre.
So verführt' er das Herz der Jungfrau mit schweigenden Blicken.
Als sie die Liebe des stattlichen Jünglings erkannte, da war sie
freudig darüber beglückt. Sie wandte die schmachtenden Blicke
oftmals weg von Leander. Doch schien sie nur äußerlich ruhig.
Denn sie schaute ihn bald schon an voll zärtlicher Sehnsucht.
Schamvoll errötend senkt' sie den Blick.
         Da wuchs in des Jünglings
Herzen die Zuversicht auf; das Auge verriet ihre Neigung.
Seufzend sehnte er nun herbei die Stunde der Liebe.
Strahlend verschwand die Sonne im dunkelfarbenen Meere,
und es erschien der Stern, der den Abend kündet, am Himmel.
Als mit dem schwarzen Mantel der Nacht
         die Erde verhüllt war,
faßt' sich Leander ein Herz und begab sich eilends zur Jungfrau.
Leise trat er hinzu und drückte ihr zärtlich die Finger,
seufzend aus tiefem Herzen.
         Mit Schweigen, als wär' sie ihm böse,
zog sie zurück aus des Jünglings Händen die rosigen Finger.

θαρσαλέη παλάμη
           πολυδαίδαλον εἷλκε χιτῶνα
ἔσχατα τιμήεντος ἄγων ἐπὶ κεύθεα νηοῦ.
ὀκναλέοις δὲ ποδέσσιν ἐφέσπετο παρθένος Ἡρώ.
οἷά περ οὐκ ἐθέλουσα, τόσην δ᾽ ἀνενείκατο φωνὴν
θηλυτέροις ἐπέεσσιν
           ἀπειλείουσα Λεάνδρῳ·
,,ξεῖνε, τί μαργαίνεις;
           τί με, δύσμορε, παρθένον ἕλκεις;
ἄλλην δεῦρο κέλευθον, ἐμὸν δ᾽ ἀπόλειπε χιτῶνα.
μῆνιν ἐμῶν ἀλέεινε πολυκτεάνων γενετήρων.
Κύπριδος οὐκ ἐπέοικε θεῆς ἱέρειαν ἀφάσσειν.
παρθενικῆς ἐπὶ λέκτρον ἀμήχανόν ἐστιν ἱκέσθαι.''
τοῖα μὲν ἠπείλησεν ἐοικότα παρθενικῇσιν.
θηλείης δὲ Λέανδρος ὅτ᾽ ἔκλυεν οἶστρον ἀπειλῆς,
ἔγνω πειθομένων
           σημήια παρθενικάων.
καὶ γὰρ ὅτ᾽ ἠιθέοισιν
           ἀπειλείουσι γυναῖκες,
Κυπριδίων δάρων αὐτάγγελοί εἰσιν ἀπειλαί.
παρθενικῆς δ᾽ εὔοδμον εὔχροον αὐχένα κύσσας
τοῖον μῦθον ἔειπε πόθου βεβολημένος οἴστρῳ·
,,κύπρι φίλη μετὰ Κύπριν, Ἀθηναίη μετ᾽ Ἀθήνην,
οὐ γὰρ ἐπιχθονίῃσιν ἴσην καλέω σε γυναιξίν,
ἀλλά σε θυγατέρεσσι Διὸς Κρονίωνος ἐίσκω,
ὄλβιος, ὅς σε φύτευσε, καὶ ὀλβίη, ἣ τέκε μήτηρ,
γαστήρ, ἥ σε λόχευσε, μακαρτάτη. ἀλλὰ λιτάων
ἡμετέρων ἐπάκουε, πόθου δ᾽ οἴκτειρον ἀνάγκην.

Doch in den Augen der Jungfrau
                              erblickte er Rührung und Liebe.
Mit verwegener Hand griff er plötzlich nach ihrem Gewande,
und er führte sie hin in die innersten Räume des Tempels.
Langsam folgte sie ihm, nur zögernd schritten die Füße.
Scheinbar sträubte sie sich und schalt,
                              wie die Mädchen sonst schelten:
„Rasest du, Jüngling? Wohin, du Bösewicht,
                              ziehst du mich Jungfrau?
Meine Gewänder taste nicht an und geh deines Weges!
Fürchte die grimmige Rache der reich begüterten Eltern!
Ist es denn nicht verboten, der Priesterin so sich zu nähern?
Völlig unmöglich ist es, zu meinem Lager zu kommen."
Also redete Hero. So ziemt sich's für sittsame Mädchen.
Als Leander den wahren Sinn ihrer Drohung erkannte,
war sie ihm vielmehr das Zeichen,
                              daß er den Willen der Jungfrau
lenken werde; denn oft,
                              wenn die Mädchen den Jünglingen drohen,
ist die Drohung der sichere Bote der nahen Versöhnung.
Plötzlich küßte er ihr den weißen, duftenden Nacken;
süßes Verlangen trieb ihn dazu, und er sagte die Worte:
„Du bist herrlich wie Aphrodite und schön wie Athene.
Du bist ähnlich nicht den erdebewohnenden Frauen,
sondern du ähnelst den lieblichen Töchtern des Vaters Kronion.
Selig, wer dich gezeuget, und selig die glückliche Mutter,
selig der Schoß, aus dem du geboren! Erhöre mein Flehen!
Zeige Mitleid mit mir und meiner verzehrenden Liebe!

Κύπριδος ὡς ἱέρεια μετέρχεο Κύπριδος ἔργα.
δεῦρ' ἴθι, μυστιπόλευε γαμήλια θεσμὰ θεαίνης.
παρθένον οὐκ ἐπέοικεν ὑποδρήσσειν Κυθερείῃ,
παρθενικαῖς οὐ Κύπρις
                    ἰαίνεται. ἢν δ' ἐθελήσῃς
θεσμὰ θεῆς ἐρόεντα καὶ ὄργια κεδνὰ δαῆναι,
ἔστι γάμος καὶ λέκτρα. σὺ δ', εἰ φιλέεις Ἀφροδίτην,
θελξινόων ἀγάπαζε μελίφρονα θεσμὸν Ἐρώτων.
σὸν δ' ἱκέτην με κόμιζε καί, ἢν ἐθέλῃς, παρακοίτην,
τόν σοι Ἔρως ἤγρευσεν ἑοῖς βελέεσσι κιχήσας.
ὡς θρασὺν Ἡρακλῆα θοὸς χρυσόρραπις Ἑρμῆς
θητεύειν ἐκόμισσεν Ἰαρδανίῃ ποτὲ νύμφῃ,
σοὶ δέ με Κύπρις ἔπεμψε καὶ οὐ σοφὸς ἤγαγεν Ἑρμῆς.
παρθένος οὔ σε λέληθεν ἀπ' Ἀρκαδίης Ἀταλάντη,
ἥ ποτε Μειλανίωνος ἐρασσαμένου φύγεν εὐνὴν
παρθενίης ἀλέγουσα. χολωομένης δ' Ἀφροδίτης,
τὸν πάρος οὐκ ἐπόθησεν, ἐνὶ κραδίῃ θέτο πάσῃ.
πείθεο καὶ σύ, φίλη, μὴ Κύπριδι μῆνιν ἐγείρῃς."
ὡς εἰπὼν παρέπεισεν
                    ἀναινομένης φρένα κούρης
θυμὸν ἐρωτοτόκοισι παραπλάγξας ἕο μύθοις.
παρθενικὴ δ' ἄφθογγος ἐπὶ χθόνα πῆξεν ὀπωπὴν
αἰδοῖ ἐρευθιόωσαν ὑποκλέπτουσα παρειὴν
καὶ χθονὸς ἔξεεν ἄκρον ὑπ' ἴχνεσιν, αἰδομένη δὲ
πολλάκις ἀμφ' ὤμοισιν
                    ἑὸν συνέεργε χιτῶνα.
πειθοῦς γὰρ τάδε πάντα προάγγελα. παρθενικῆς δὲ
πειθομένης ποτὶ λέκτρον ὑπόσχεσίς ἐστι σιωπή.

Du, Aphrodites Gehilfin, sollst üben die heiligen Bräuche.
Komm und feire die Hochzeit mit mir zur Freude der Göttin!
Einer Jungfrau geziemet es nicht, Aphrodite zu dienen;
denn sie verachtet die Keuschheit der Mädchen.
                           Drum lerne jetzt kennen
ihre süßen Gesetze, die wahren Feste der Göttin!
Küsse sind es und Ehen! Ach wenn du liebst Aphrodite,
folge dem milden Gesetz der herzerquickenden Liebe!
Nimm zu deinem Diener mich an und, willst du, zum Gatten!
Tödlich traf mich des Eros Pfeil. Ich bin dir verfallen.
Also sandte der listige Hermes den tapferen Helden
Herakles hin zur Lyderin Omphale, daß er ihr diente.
Ebenso schickt mich Hermes zu dir und die Göttin der Liebe.
Denk an das Los Atalantes, jenes arkadischen Mädchens,
welches spröde zurückwies die Küsse des liebenden Jünglings,
ewiger Keuschheit sich weihend; gewaltig zürnt' Aphrodite,
und sie erfüllte ihr Herz mit Sehnsucht nach dem Verschmähten.
Meide den Zorn der Göttin und laß dich, o Hero, erweichen!"
Also sprach er und lenkte
                           den Sinn der sich sträubenden Jungfrau.
Durch seine Worte entbrannte ihr Herz in süßem Verlangen.
Sprachlos stand sie nun da und senkte züchtig die Augen
und verbarg vor ihm das Gesicht, das errötende, sittsam.
Kaum berührte ihr zitternder Fuß den Boden des Tempels.
Schamhaft faßt' sie ihr schönes
                           Gewand und verhüllte die Schultern.
Nahe war jetzt der Sieg über Hero. Denn das Verstummen
war das Zeichen dafür, daß die Jungfrau die Bitte gewährte.

ἤδη δὲ γλυκύπικρον ἐδέξατο κέντρον Ἐρώτων.
θέρμετο δὲ κραδίην γλυκερῷ πυρὶ παρθένος Ἡρώ,
κάλλεϊ δ᾽ ἱμερόεντος
                    ἀντεπτοίητο Λεάνδρου.
ὄφρα μὲν οὖν ποτὶ γαῖαν ἔχεν νεύουσαν ὀπωπήν,
τόφρα δὲ καὶ Λείανδρος ἐρωμανέεσσι προσώποις
οὐ κάμεν εἰσορόων ἁπαλόχροον αὐχένα κούρης.
ὀψὲ δὲ Λειάνδρῳ γλυκερὴν ἀνενείκατο φωνὴν
αἰδοῦς ὑγρὸν ἔρευθος ἀπαυγάζουσα προσώπου·
,ξεῖνε, τεοῖς ἐπέεσσι τάχ᾽ ἂν καὶ πέτρον ὀρίναις.
τίς σε πολυπλανέων ἐπέων ἐδίδαξε κελεύθους;
ὤμοι, τίς σε κόμισσεν ἐμὴν εἰς πατρίδα γαῖαν;
ταῦτα δὲ πάντα μάτην
                    ἐφθέγξαο. πῶς γὰρ ἀλήτης,
ξεῖνος ἐὼν καὶ ἄπιστος ἐμοὶ φιλότητι μιγείης;
ἀμφαδὸν οὐ δυνάμεσθα γάμοις ὁσίοισι πελάσσαι.
οὐ γὰρ ἐμοῖς τοκέεσσιν ἐπεύδαεν. ἢν δ᾽ ἐθελήσῃς
ὡς ξεῖνος πολύφοιτος ἐμὴν εἰς πατρίδα μίμνειν,
οὐ δύνασαι σκοτόεσσαν
                    ὑποκλέπτειν Ἀφροδίτην.
γλῶσσα γὰρ ἀνθρώπων φιλοκέρτομος. ἐν δὲ σιωπῇ
ἔργον ὅ περ τελέει τις, ἐνὶ τριόδοισιν ἀκούει.
εἰπὲ δέ, μὴ κρύψῃς, τέον οὔνομα καὶ σέο πάτρην.
οὐ γὰρ ἐμόν σε λέληθεν, ἔχω δ᾽ ὄνομα κλυτὸν Ἡρώ.
πύργος δ᾽ ἀμφιβόητος ἐμὸς δόμος οὐρανομήκης,
ᾧ ἔνι ναιετάουσα σὺν ἀμφιπόλῳ τινὶ μούνῃ
Σηστιάδος πρὸ πόληος
                    ὑπὲρ βαθυκύμονας ὄχθας

HERO UND LEANDER

Schon empfand sie den bitterlich süßen Stachel der Liebe.
Hellauf brannten in ihrem Herzen lodernde Flammen.
Ach, sie war von der Lieb'
                    und der Schönheit Leanders verwundet.
Als die Erde von mitternächtlichem Dunkel verhüllt war,
schaute Leander immer von neuem in heißem Verlangen
Heros reizenden Nacken. Beglückende Freude erfüllt' ihn,
als sie begann zu ihm in zärtlichen Worten zu sprechen.
Sanfte Röte ergoß sich über die lieblichen Wangen.
„Mit deinen Worten, Fremdling, könntest du Felsen erweichen.
Sag, wer lehrte dich klug solch listige Reden?
Und wer zeigte den Weg dir in meine gesegnete Heimat?
Aber du flehtest vergeblich! Wie könntest du jemals mich lieben,
der du ein Fremdling mir bist;
                    vielleicht auch bist du ein Flüchtling
oder ein treuloser Mann, von den Seinen verbannt und verachtet.
Niemals kann mich mit dir eine richtige Ehe verbinden.
Meine Eltern gestatten es nicht; und wolltest du bleiben
hier als ein Gast, der die Ferne
                    kennt, in der Heimatstadt Sestos,
so vermöchten wir nicht unsre heimliche Lieb' zu verbergen.
Gerne lästert die Zunge der Menschen; was einer mit Schweigen
jemals getan, das hört an den Ecken der Straßen er wieder.
Sag und verhehle mir nicht deinen Namen und nicht deine Heimat.
Wisse auch meinen Namen; ich rühme mich, Hero zu heißen.
Ich bewohne allein mit einer einzigen Sklavin
weit vor der Stadt einen mächtigen Turm,
                    den die Winde umbrausen,

γείτονα πόντον ἔχω στυγεραῖς βουλῇσι τοκήων.
οὐδέ μοι ἐγγὺς ἔασιν ὁμήλικες οὐδὲ χορεῖαι
ἠιθέων παρέασιν. ἀεὶ δ᾽ ἀνὰ νύκτα καὶ ἠῶ
ἐξ ἁλὸς ἠνεμόφωνος ἐπιβρέμει οὔασιν ἠχή.‟
ὡς φαμένη ῥοδέην
        ὑπὸ φάρεϊ κρύπτε παρειὴν
ἔμπαλιν αἰδομένη, σφετέροις δ᾽ ἐπεμέμφετο μύθοις.
Λείανδρος δὲ πόθου βεβολημένος ὀξέι κέντρῳ
φράζετο, πῶς κεν ἔρωτος ἀεθλεύσειεν ἀγῶνα.
ἄνδρα γὰρ αἰολόμητις Ἔρως βελέεσσι δαμάζει
καὶ πάλιν ἀνέρος ἕλκος ἀκείεται. οἷσι δ᾽ ἀνάσσει,
αὐτὸς ὁ πανδαμάτωρ βουληφόρος ἐστὶ βροτοῖσιν.
αὐτὸς καὶ ποθέοντι
        τότε χραίσμησε Λεάνδρῳ.
ὀψὲ δ᾽ ἀλαστήσας
        πολυμήχανον ἔννεπε μῦθον·
„παρθένε, σὸν δι᾽ ἔρωτα καὶ ἄγριον οἶδμα περήσω,
εἰ περιπαφλάζοιτο καὶ ἄπλοον ἔσσεται ὕδωρ.
οὐ τρομέω βαρὺ χεῖμα τεὴν μετανεύμενος εὐνήν,
οὐ βρόμον ἠχήεντα περιπτώσσοιμι θαλάσσης.
ἀλλ᾽ αἰεὶ κατὰ νύκτα
        φορεύμενος ὑγρὸς ἀκοίτης
νήξομαι Ἑλλήσποντον ἀγάρροον. οὐχ ἕκαθεν γὰρ
ἀντία σεῖο πόληος ἔχω πτολίεθρον Ἀβύδου.
μοῦνον ἐμοί τινα λύχνον ἀπ᾽ ἠλιβάτου σέο πύργου
ἐκ περάτης ἀνάφαινε κατὰ κνέφας, ὄφρα νοήσας
ἔσσομαι ὁλκὰς Ἔρωτος ἔχων σέθεν ἀστέρα λύχνον.
καὶ μιν ὀπιπεύων, οὐκ ὀψὲ δύοντα Βοώτην,

Es umrauschen ihn laut die hohen Wellen des Meeres.
Denn so grausam ist meiner Eltern Bestimmung getroffen.
Keine Jugendgespielin seh ich; die Jünglinge tanzen
ihre Reigen vergebens für mich. Alle Tage und Nächte
hör' ich ununterbrochen
                        das Brausen der stürmischen Brandung."
Sprach's und bedeckte mit ihrem Gewande die rosigen Wangen;
denn es ergriff sie wieder die Scham, sie bereute die Rede.
Aber Leander, getrieben vom heißen Verlangen der Liebe,
mühte sich eifrig, Sieger zu werden im Kampf um das Mädchen.
Blutige Wunden reißen die Pfeile des listigen Eros,
doch er heilt auch die Wunden, der Götter und Menschen Gebieter.
In der Stunde der Not
                    verschafft er uns Weisheit und Rettung.
Er war's, der sich Leanders
                        erbarmte, des liebenden Jünglings.
Seufzend sagte er drum die vielvermögenden Worte:
„Mädchen! Für deine Lieb' durchschwämme ich tobende Fluten,
wären sie auch nicht schiffbar und rauschten mit lautem Getöse!
Komme ich schwimmend zu dir, Geliebte, dann will ich das tiefe
Meer nicht fürchten und
                    nicht das Brausen der rauschenden Wellen.
Jede Nacht will ich gern den Hellespontos durchschwimmen,
um zu dir, wenn auch triefend vor Naß, zu gelangen.
Ich bewohne die Stadt Abydos jenseits des Meeres.
Du aber mögst mir erhellen das nächtliche Dunkel; drum schwinge
oben im Turm eine Fackel, damit sie mir weise die Richtung
und ich nach ihr zu steuern vermag, ich, ein Nachen der Liebe.

οὐ θρασὺν Ὠρίωνα καὶ ἄβροχον ὁλκὸν Ἁμάξης
Κύπριδος ἀντιπόροιο ποτὶ γλυκὺν ὅρμον ἱκοίμην.
ἀλλά, φίλη, πεφύλαξο βαρυπνείοντας ἀήτας,
μή μιν ἀποσβέσσωσι καὶ αὐτίκα μοῦνον ὀλέσσω
λύχνον ἐμοῦ βιότοιο φαεσφόρον ἡνιοχῆα.
εἰ ἐτεὸν δ' ἐθέλεις ἐμὸν οὔνομα καὶ σὺ δαῆναι,
οὔνομά μοι Δείανδρος, ἐυστεφάνου πόσις Ἡροῦς."

ὣς οἱ μὲν κρυφίοισι γάμοις συνέθεντο μιγῆναι
καὶ νυχίην φιλότητα καὶ ἀγγελίην ὑμεναίων
λύχνου μαρτυρίῃσιν ἐπιστώσαντο φυλάσσειν,
ἡ μὲν φῶς τανύειν, ὁ δὲ κύματα μακρὰ περῆσαι.
παννυχίδας δ' ὁρίσαντες
                              ἀκοιμήτων ὑμεναίων
ἀλλήλων ἀέκοντες ἐνοσφίσθησαν ἀνάγκῃ.
ἡ μὲν ἔβη ποτὶ πύργον, ὁ δ', ὀρφναίην ἀνὰ νύκτα
μή τι παραπλάζοιτο,
                    λαβὼν σημήια πύργου
πλῶε βαθυκρήπιδος
                        ἐπ' εὐρέα δῆμον Ἀβύδου.

παννυχίων δ' ὁράων
                κρυφίους ποθέοντες ἀέθλους
πολλάκις ἠρήσαντο
                μολεῖν θαλαμηπόλον ὄρφνην.

Ihr vertraue ich dann und nicht den leuchtenden Sternen;
nicht mehr achte ich auf den Bootes, wenn er verschwindet,
acht' auch des kühnen Orion nicht und des Sternbilds des Bären,
das nicht verschwindet im bläulichen Wasser des riesigen Meeres.
So durchquer' ich das Meer und finde den Weg zu dem Turme.
Aber, Geliebte, sei sorgsam, gib acht auf die sausenden Winde,
daß sie nicht zum Verlöschen bringen die rettende Fackel;
denn mit der Leuchte erlischt auch mein junges Leben für immer.
Fragst du nach meinem Namen nun noch, so wisse: Leander
heiß' ich und nenne mit Stolz mich Gatte der lieblichen Hero."
Also beschlossen sie beide zu feiern die heimliche Hochzeit
und durchwachten die Nacht ohne Schlummer in herzlicher Liebe.
Küssend schwuren sie beide oftmals, das feste Versprechen
nicht zu vergessen, welches den Willen zur Ehe bezeugte,
sie, zu erheben die Fackel,
    und er, das Meer zu durchschwimmen.
Doch jetzt nahte die Stunde des Scheidens. Untröstlich
schlich die Jungfrau zum Turm; der wackere Jüngling indessen
prägte sich ganz genau ein die Lage des Turms und der Küste,
um auch im Dunkel der Nacht
    zu finden den Weg zu der Jungfrau.
Darauf segelt' er heim nach dem tiefer gelegnen Abydos.

Jüngling und Jungfrau sehnten sich
    sehr nach dem süßen Geplauder,
nach der heimlichen Lieb'
    und der Nacht, der Vertrauten des Brautbetts.

ἤδη κυανόπεπλος ἀνέδραμε νυκτὸς ὁμίχλη
ἀνδράσιν ὕπνον ἄγουσα
        καὶ οὐ ποθέοντι Λεάνδρῳ.
ἀλλὰ πολυφλοίσβοιο παρ' ἠιόνεσσι θαλάσσης
ἀγγελίην ἄνεμιμνε φαεινομένων ὑμεναίων
μαρτυρίην λύχνοιο πολυκλαύτοιο δοκεύων,
εὐνῆς δὲ κρυφίης τηλεσκόπον ἀγγελιώτην.
ὡς δ' ἴδε κυανέης λιποφεγγέα νυκτὸς ὁμίχλην
Ἡρώ, λύχνον ἔφαινεν. ἀναπτομένοιο δὲ λύχνου
θυμὸν Ἔρως ἔφλεξεν ἐπειγομένοιο Λεάνδρου.
λύχνῳ καιομένῳ συνεκαίετο. πὰρ δὲ θαλάσσῃ
μαινομένων ῥοθίων πολυηχέα βόμβον ἀκούων
ἔτρεμε μὲν τὸ πρῶτον, ἔπειτα δὲ θάρσος ἀείρας
τοίοις οἱ προσέλεκτο παρηγορέων φρένα μύθοις·
„δεινὸς Ἔρως καὶ πόντος ἀμείλιχος·
        ἀλλὰ θαλάσσης
ἔστιν ὕδωρ, τὸ δ' Ἔρωτος ἐμὲ φλέγει ἐνδόμυχον πῦρ.
ἄζεο πῦρ, κραδίη,
      μὴ δείδιθι νήχυτον ὕδωρ.
δεῦρό μοι εἰς φιλότητα.
       τί δὴ ῥοθίων ἀλεγίζεις;
ἀγνώσσεις, ὅτι Κύπρις
       ἀπόσπορός ἐστι θαλάσσης;
καὶ κρατέει πόντοιο καὶ ἡμετέρων ὀδυνάων."
ὡς εἰπὼν μελέων
      ἐρατῶν ἀπεδύσατο πέπλα
ἀμφοτέραις παλάμῃσιν,
       ἑῷ δ' ἔσφιγξε καρήνῳ,

Endlich senkten sich nieder zur Erde die nächtlichen Schatten,
Schlaf den Sterblichen bringend,
                    nur ihm nicht, dem liebenden Jüngling.
Denn er harrte am Ufer des tief aufrauschenden Meeres
sehnsuchtsvoll spähend hinaus ins Finstere, ob er nicht sähe
Heros leuchtende Fackel, die Zeugin heimlicher Liebe,
aber auch stumme Zeugin des Schmerzes und bitterer Tränen.
Auch die Jungfrau wünschte die Nacht sich herbei. Sie entzündet',
als die Finsternis kam, ihre Fackel. Da entzündete Eros
auch in Leanders Herzen die Fackel. Sie loderten beide!
Eile war für Leander geboten. Am Ufer des Meeres
ging er mit großen Schritten einher und lauschte den Wellen.
Plötzlich fuhr ein Schauer in ihn; doch entfacht' er von neuem
seinen Mut und faßt' sich ein Herz und sagte voll Inbrunst:
„Grausamer Eros! Du Meer ohn' Erbarmen!
                    Doch schmal ist die Stelle.
Und es brennt mir gewaltig wärmend im Herzen die Liebe.
Lodre, mein Herz,
          und fürchte dich nicht vor den rauschenden Wogen!
Auf denn, ich schwimme zu ihr,
                    die Wellen des Meeres nicht scheuend!
Weißt du denn nicht,
          daß von ihnen gezeugt ist die Göttin der Liebe,
die dem Meere gebeut und das Leid in der Liebe uns sendet?"
Sprach's und zog von den
                    herrlichen Gliedern die prächtigen Kleider,
band sie sich kunstvoll dann
               um das Haupt mit den kräftigen Händen.

ἠιόνος δ᾽ ἐξᾶλτο, δέμας δ᾽ ἔρριψε θαλάσσῃ.
λαμπομένου δ᾽ ἔσπευδεν ἀεὶ κατεναντία λύχνου
αὐτὸς ἐὼν ἐρέτης, αὐτόστολος, αὐτομάτη νηῦς.
Ἡρὼ δ᾽ ἠλιβάτοιο φαεσφόρος ὑψόθι πύργου,
λεπταλέαις αὔρῃσιν ὅθεν πνεύσειεν ἀήτης,
φάρεϊ πολλάκι λύχνον ἐπέσκεπεν, εἰσόκε Σηστοῦ
πολλὰ καμὼν Λείανδρος ἔβη ποτὶ ναύλοχον ἀκτήν.
καί μιν ἑὸν ποτὶ πύργον ἀνήγαγεν. ἐκ δὲ θυράων
νυμφίον ἀσθμαίνοντα
                    περιπτύξασα σιωπῇ
ἀφροκόμους ῥαθάμιγγας ἔτι στάζοντα θαλάσσης
ἤγαγε νυμφοκόμοιο
                    μυχοὺς ἔπι παρθενεῶνος
καὶ χρόα πάντα κάθηρε. δέμας δ᾽ ἔχρισεν ἐλαίῳ
εὐόδμῳ ῥοδέῳ
                    καὶ ἁλίπνοον ἔσβεσεν ὀδμήν.
εἰσέτι δ᾽ ἀσθμαίνοντα βαθυστρώτοις ἐνὶ λέκτροις
νυμφίον ἀμφιχυθεῖσα
                    φιλήτορας ἴαχε μύθους·
„νυμφίε, πολλὰ μογήσας, ἃ μὴ πάθε νυμφίος ἄλλος,
νυμφίε, πολλὰ μογήσας. ἅλις νύ τοι ἁλμυρὸν ὕδωρ,
ὀδμὴ δ᾽ ἰχθυόεσσα βαρυγδούποιο θαλάσσης.
δεῦρο τεοὺς ἱδρῶτας ἐμοῖς ἐνικάτθεο κόλποις.“
ὣς ἡ μὲν παρέπεισεν. ὁ δ᾽ αὐτίκα λύσατο μίτρην
καὶ θεσμῶν ἐπέβησαν ἀριστονόου κυθερείης.
ἦν γάμος, ἀλλ᾽ ἀχόρευτος. ἔην λέχος, ἀλλ᾽ ἄτερ ὕμνων.
οὐ ζυγίην Ἥρην τις ἐπευφήμησεν ἀείδων.
οὐ δαΐδων ἤστραπτε σέλας θαλαμηπόλον εὐνῇ

Hurtig stieß er sich ab vom Ufer und stürzte ins Meer sich,
strebte mit all seiner Kraft, zu erreichen die lodernde Fackel,
er, der Steuer und Ruder, Nachen und Schiffer zugleich war.
Hero stand unterdessen auf hohem, erleuchteten Turme.
Jeder Windstoß jagte ihr ein einen furchtbaren Schrecken,
vor ihm schütz' sie mit ihrem Gewande die flackernde Fackel.
Endlich gelangte Leander ans Ufer, doch völlig ermattet.
Selber brachte sie ihn zum Turme und sank in der Pforte
schweigend in ihres Geliebten
                              Arme. Es schlug ihm vom Schwimmen
mächtig das Herz; es rannen aus seinen Locken gar viele
schäumende Tropfen des Meeres.
                              Hinein jetzt ins Innere des Turmes,
führte sie ihn in die Kammer. Dann rieb sie sauber und trocken
seinen ermatteten Leib und vertilgt' die Gerüche des Meeres.
Schließlich salbte sie ihn mit der Rose duftendem Öle.
Stürmisch umarmt' sie ihn jetzt und flüsterte zärtliche Worte
leise ins Ohr ihm – noch macht'
                              ihm das Atmen große Beschwerden –
„Liebster! Vieles hast du erlitten, was keiner sonst leidet.
Schreckliche Qualen bereiteten dir die salzigen Fluten.
Lange ertrugst du der Fische Gestank im tobenden Meere.
Laß nun überströmen auf mich deine riesigen Kräfte!"
Während sie redete, löst' er bereits ihr den prächtigen Gürtel,
und sie feierten Hochzeit, das heilige Fest Aphrodites.
Ohne Reigen die Hochzeit und ohne Lieder das Brautbett!
Ohne Segenssprüche der Sänger das Fest der Vermählung!
Keine strahlende Fackel erhellte die bräutliche Kammer.

οὐδὲ πολυσκάρθμῳ τις ἐπεσκίρτησε χορείη.
οὐχ Ὑμέναιον ἄειδε πατὴρ καὶ πότνια μήτηρ.
ἀλλὰ λέχος στορέσασα τελεσσιγάμοισιν ἐν ὥραις
Σιγὴ παστὸν ἔπηξεν, ἐνυμφοκόμησε δ' ὁμίχλη
καὶ γάμος ἦν ἀπάνευθεν
                              ἀειδομένων ὑμεναίων.
νὺξ μὲν ἔην κείνοισι γαμοστόλος οὐδέ ποτ' Ἠὼς
νυμφίον εἶδε Λέανδρον ἀριγνώποις ἐνὶ λέκτροις.
νήχετο δ' ἀντιπόροιο
                    πάλιν ποτὶ δῆμον Ἀβύδου
ἐννυχίων ἀκόρητος ἔτι πνείων ὑμεναίων.
Ἡρὼ δ' ἑλκεσίπεπλος ἑοὺς λήθουσα τοκῆας ...
παρθένος ἡματίη, νυχίη γυνή. ἀμφότεροι δὲ
πολλάκις ἠρήσαντο κατελθέμεν εἰς δύσιν Ἠῶ.
ὣς οἱ μὲν φιλότητος ὑποκλέπτοντες ἀνάγκην
κρυπταδίῃ τέρποντο μετ' ἀλλήλων κυθερείῃ.
   ἀλλ' ὀλίγον ζώεσκον ἐπὶ χρόνον οὐδ' ἐπὶ δηρὸν
ἀγρύπνων ἀπόναντο πολυπλάγκτων ὑμεναίων.
ἀλλ' ὅτε παχνήεντος ἐπήλυθε χείματος ὥρη
φρικαλέας δονέουσα πολυστροφάλιγγας ἀέλλας,
βένθεα δ' ἀστήρικτα καὶ ὑγρὰ θέμεθλα θαλάσσης
χειμέριοι πνείοντες ἀεὶ στυφέλιζον ἀῆται
λαίλαπι μαστίζοντες ὅλην ἅλα, τυπτομένης δὲ ...
ἤδη νῆα μέλαιναν ἐφείλκυσε διψάδι χέρσῳ
χειμερίην καὶ ἄπιστον ἀλυσκάζων ἅλα ναύτης.
ἀλλ' οὐ χειμερίης σε φόβος κατέρυκε θαλάσσης,
κατερόθυμε Λέανδρε. διακτορίη δέ σε πύργου
ἠθάδα σημαίνουσα φαεσφορίην ὑμεναίων

Keine jauchzenden Tänzer drehten sich lustig im Kreise.
Vater und Mutter riefen nicht aus den Namen des Gottes,
der die Vermählung heiligt. Nur lautlose Stille umgab sie.
Finsternis war der einzige Schmuck für Leander und Hero.
Fern war der Hochzeitsgott,
                  der Gesang und die Fackel des Gottes.
Brautbettführerin war die Nacht. Es suchte vergebens
Eos Leander zu finden in enger Umarmung mit Hero.
Vor dem dämmernden Morgen
                    schwamm er zurück zu den Seinen,
Nicht gestillt doch, vielmehr noch ungestümer verlangend.
Hero, in köstlichen Kleidern, indessen täuschte die Eltern,
Jungfrau bei Tage und Weib in der Nacht. Die Liebenden sahen
oft mit Blicken verzehrender Sehnsucht zur sinkenden Sonne.
Ihre glühende Liebe verbargen sie listig vor jedem,
und so genossen sie still miteinander ihr heimliches Lager.
    Doch nur wenige Tage verbrachten sie so, und es währte
ihre Verbindung nicht lange, die ihnen viel Herzeleid brachte.
Denn schon nahte heran die Zeit des frostigen Winters,
ihn begleiteten schreckliche Stürme mit furchtbarem Brausen.
Schäumende Wogen rollten daher mit lautem Getöse,
und es geriet das Meer in einen gewaltigen Aufruhr.
Unwetter stürzten vom finsteren Himmel. Es wagte der Schiffer
nicht mehr sich anzuvertraun den unglückbringenden Fluten,
und er verankert' sein düsteres Schiff im schützenden Hafen.
Aber dich hielt nicht ab der Schrecken des wütenden Meeres,
kühner Leander! Dich trieb zu Hero die leuchtende Fackel,
welche mit weithin strahlender Helle den Weg zu ihr zeigte.

μαινομένης ὤτρυνεν ἀφειδήσαντα θαλάσσης
νηλειὴς καὶ ἄπιστος. ὄφελλε δὲ δύσμορος Ἡρὼ
χείματος ἱσταμένοιο μένειν ἀπάνευθε Λεάνδρου
μηκέτ᾽ ἀναπτομένη μινυώριον ἀστέρα λέκτρων.
ἀλλὰ πόθος καὶ μοῖρα βιήσατο. θελγομένη δὲ
Μοιράων ἀνέφαινε καὶ οὐκέτι δαλὸν Ἐρώπων.

νὺξ ἦν, εὖτε μάλιστα
            βαρυπνείοντες ἀῆται
χειμερίαις πνοιῇσιν
            ἀκοντίζοντες ἰωὰς
ἀθρόον ἐμπίπτουσιν ἐπὶ ῥηγμῖνι θαλάσσης.
καὶ τότε δὴ Λείανδρος ἐθήμονος ἐλπίδι νύμφης
δυσκελάδων πεφόρητο
            θαλασσαίων ἐπὶ νώτων.
ἤδη κύματι κῦμα κυλίνδετο, σύγχυτο ὕδωρ,
αἰθέρι μίσγετο πόντος, ἀνέγρετο πάντοθεν ἠχὴ
μαρναμένων ἀνέμων.
            Ζεφύρῳ δ᾽ ἀντέπνεεν εὖρος
καὶ νότος εἰς βορέην
            μεγάλας ἐφέηκεν ἀπειλάς.
καὶ κτύπος ἦν ἀλίαστος ἐρισμάραγοιο θαλάσσης.
αἰνοπαθὴς δὲ Λέανδρος ἀκηλήτοις ἐνὶ δίναις
πολλάκι μὲν λιτάνευε θαλασσαίην Ἀφροδίτην,
πολλάκι δ᾽ αὐτὸν ἄνακτα
            Ποσειδάωνα θαλάσσης . . .

Wehe der Fackel, sie lockte! Nicht achtest du rasender Wogen.
Grausame, treulose Fackel! Wie? Sollte im kommenden Winter
ihres Leanders entbehren die unglückselige Hero?
Sollte sie nicht mehr entzünden der Liebe Gestirn, das so kurz erst
ihrem Leander geleuchtet auf seinem gefährlichen Wege?
Schicksal und Liebe geboten es Hero, die brennende Fackel
anzustecken im Turm. Dies führt' ins Verderben Leander.

Nacht war's. Schrecklich tobten die Winde;
                sie stürmten mit wildem
Brausen daher und peitschten die Wogen.
                   Die Brandung war furchtbar.
Trotzdem versuchte Leander hinüber zu Hero zu schwimmen,
weil ihn heißes Verlangen ergriffen und zärtliche Sehnsucht.
Und schon ward er entführt
             von den rauschenden Wogen des Meeres.
Wasser wälzten heran und stürzten übereinander.
Riesige Wellen türmten sich auf, und es stöhnte die Erde
unter den kämpfenden Winden;
                sie bliesen mit mächtigem Dräuen,
gegen den Westwind der Ost,
            der Nordwind gegen den Südwind.
Dazu tönte es dumpf aus den Wogen, als rief es zum Tode.
Vieles erlitt in den unversöhnlichen Wogen Leander.
Oftmals fleht' er zur schaumgeborenen Göttin der Liebe,
oft zu Poseidon, dem mächtigen
            Herrscher des Meeres, und häufig

'Ατθίδος οὐ βορέην
          ἀμνήμονα κάλλιπε νύμφης·
ἀλλὰ οἱ οὔ τις ἄρηγεν, Ἔρως δ' οὐκ ἤρκεσε Μοίρας.
πάντοθι δ' ἀγρομένοιο
          δυσάντεϊ κύματος ὁλκῷ
τυπτόμενος πεφόρητο. ποδῶν δὲ οἱ ὤκλασεν ὁρμὴ
καὶ σθένος ἦν ἀνόνητον ἀκοιμήτων παλαμάων.
πολλὴ δ' αὐτομάτη χύσις ὕδατος ἔρρεε λαιμῷ
καὶ ποτὸν ἀχρήιστον ἀμαιμακέτου πίεν ἅλμης.
καὶ δὴ λύχνον ἄπιστον ἀπέσβεσε πικρὸς ἀήτης
καὶ ψυχὴν καὶ ἔρωτα πολυτλήτοιο Λεάνδρου ...
νείκεσε δ' ἀγριόθυμον ἐπεσβολίῃσιν ἀήτην.
ἤδη γὰρ φθιμένοιο μόρον θέσπισσε Λεάνδρου
εἰσέτι δηθύνοντος. ἐπαγρύπνοισι δ' ὀπωπαῖς
ἵστατο κυμαίνουσα πολυκλαύτοισι μερίμναις.
ἤλυθε δ' ἠριγένεια καὶ οὐκ ἴδε νυμφίον Ἡρώ.
πάντοθι δ' ὄμμα τίταινεν ἐς εὐρέα νῶτα θαλάσσης,
εἴ που ἐσαθρήσειεν ἀλωόμενον παρακοίτην
λύχνου σβεννυμένοιο.
          παρὰ κρηπῖδα δὲ πύργου
δρυπτόμενον σπιλάδεσσιν ὅτ' ἔδρακε νεκρὸν ἀκοίτην,
δαιδαλέον ῥήξασα περὶ στήθεσσι χιτῶνα
ῥοιζηδὸν προκάρηνος ἀπ' ἠλιβάτου πέσε πύργου
καὶ διερὴ τέθνηκε σὺν ὀλλυμένῳ παρακοίτῃ.
ἀλλήλων δ' ἀπόναντο καὶ ἐν πυμάτῳ περ ὀλέθρῳ.

rief den Nordwind er an,

der die Tochter des Königs Erechtheus,
Oreithyia einst aus der attischen Heimat entführte.
Keiner erhörte sein Flehen.

Es hemmte nicht Eros sein Schicksal.
Immer wütender tobte das Meer; die rasenden Fluten
rissen ihn weit mit sich fort. Da versagte die Kraft in den Füßen,
und die rudernden Hände erstarrten ihm völlig vor Kälte.
Wasser drang in den offenen Mund ihm in schrecklicher Menge,
und er trank den tötenden Trank des gewaltigen Meeres.
Wehe! Die Fackel erlosch nun auch bei dem heulenden Sturme.
Mit ihr aber erlosch die Lieb' und das Leben des Jünglings.
Unter furchtbaren Qualen ertrank er im wütenden Meere.
Hero stand unterdessen und starrte mit forschenden Blicken
über des Meeres Wogen, es quälten sie schlimme Gedanken.
Eos kam, und mit ihr der Morgen. Doch Hero erblickte
nirgends Leander. Vergebens suchten die Augen das Meer ab,
ob sie ihn fänden treibend, ein Spielball der Wellen,
ihn, der die rettende Richtung verfehlt',

weil die Fackel nicht brannte.
Endlich sah sie am Fuße des Turmes zerschellt an den Klippen
tot den schönen Geliebten; es war erloschen sein Leben.
Darauf riß sie von ihren Brüsten die schöne Gewandung,
und sie stürzte sich jählings herab von dem mächtigen Turme.
Also starb die Geliebte zugleich mit ihrem Geliebten,
und es einte sie beide wieder die Stunde des Todes.

Über Apuleius

Das zweite nachchristliche Jahrhundert wies eine Fülle geistiger Strömungen auf. Alte religiöse Kulte erwachten zu neuem Leben, und die Lehren griechischer Denker fanden erneut viele Anhänger. Zauberer und Wundertäter, Propheten und Philosophen zogen umher und verkündeten ihre Lehren. Begierig lauschte die Menge den Worten dieser Wanderprediger, die eine glänzende Rednergabe und ein umfassendes Wissen besaßen.

Einer der bedeutendsten war *Apuleius*. Er entstammte einem alten römischen Geschlecht und wurde um das Jahr 124 n. Chr. in der afrikanischen Stadt Madaura geboren. Ob sein Vorname Lucius lautete, ist nicht mehr sicher festzustellen. Sein Vater war ein angesehener und wohlhabender Mann, der seinem Sohn eine sorgfältige Ausbildung gab. Er ließ ihn in der Schule der Vaterstadt vorbilden und später die Universität Karthago beziehen. Hier legte Apuleius die Grundlage zu seinem umfangreichen Wissen. Als sein Vater starb, ermöglichte ihm ein Erbe von zwei Millionen Sesterzen, die damals bekannte Welt zu bereisen und seine Kenntnisse zu erweitern. Er suchte die Universität Athen auf; hier war es die Philosophie Platos, die ihn besonders stark anzog. Reisen nach anderen Städten Griechenlands, nach Kleinasien und den Inseln des ägäischen Meeres folgten. Schließlich begab er sich nach Italien und nach Rom. Da er nur noch wenig Geld besaß, – Reisen und Studien hatten viel gekostet, er hatte manchen Freund unterstützt und auch für persönliche Zwecke viel ausgegeben – sah er sich gezwungen, für seinen Lebensunterhalt zu sorgen. Er wurde Rechtsanwalt. Es fehlte ihm nicht an Zulauf, und er konnte sich ein schönes Stück Geld verdienen. Um das Jahr 155 verließ er Rom wieder. Der Beruf des Rechtsanwaltes sagte ihm nicht mehr zu, auch hatte er sich durch seine Tätigkeit viele Feinde zugezogen, die ihm den Aufenthalt in Rom verleideten. Er kehrte in seine Heimat Madaura zurück und widmete sich rednerischer Tätigkeit. Er reiste von Ort zu Ort und hielt philosophische Vorträge, die den größten Anklang fanden. Auf einer solchen Vortragsreise lernte er eine reiche Witwe kennen, Aemilia Pudentilla, die er trotz des Widerspruches ihrer Verwandten heiratete. Dieser Schritt brachte ihm viele Unannehmlichkeiten; er wurde sogar angeklagt, Pudentilla durch Zauberei betört und zur Heirat gezwungen zu haben. Eine solche Anklage war sehr gefährlich, weil nach römischem Recht auf Zauberei, die zu selbstsüchtigen Zwecken getrieben wurde, Todesstrafe stand. Apuleius gelang es aber durch seine glänzende Beredsamkeit, die Anklage zu entkräften und einen Freispruch zu erwirken. Trotzdem war ihm durch den Prozeß seine Heimat verleidet, und er zog nach Karthago. Hier fand er durch seine philosophischen Reden bald viele begeisterte Anhänger. Er dehnte seine Tätigkeit über die ganze Provinz Afrika aus, und überall jubelten ihm die Menschen zu. Dabei fand er noch Zeit, sich mit allen möglichen anderen Dingen zu befassen. Rechtswissenschaft, Kunst, Grammatik, Naturwissenschaft, Medizin und Mathematik waren die Gebiete, mit denen er sich eifrig beschäftigte und über die er auch Abhandlungen schrieb. Seine Berühmtheit wuchs. Karthago wählte ihn zum Vorsitzenden des Provinziallandtages und gab ihm damit die vornehmste Stellung, die die Stadt zu vergeben hatte. Er starb in Karthago; sein Todesjahr ist unbekannt.

Sein Meisterwerk sind die Metamorphosen, die er in Rom verfaßte. Ein Drittel des Werkes nimmt das berühmte Märchen von Amor und Psyche ein.

Die Metamorphosen behandeln die abenteuerliche Geschichte eines vornehmen jungen Griechen. Dieser wünscht Seltsames zu erleben. Er begibt sich auf Reisen und kommt auch nach dem alten Zauberland Thessalien. Dort steigt er bei einem Manne ab, dessen Frau eine berühmte Zauberin ist. Als er einmal bemerkt, wie sich die Frau durch Bestreichen mit einer Salbe in einen Uhu verwandelt, ergreift ihn das Verlangen, das Mittel auch zu versuchen. Leider vergreift er sich in den Büchsen, und so wird er statt eines Uhu ein Esel. Nur durch das Fressen von Rosen kann er wieder zurückverwandelt werden. Da aber im Augenblick keine Rosen zur Hand sind, muß er in den Stall gesperrt werden. In der Nacht entführen ihn Räuber und treiben ihn in ihre Höhle. Am nächsten Tage schleppen sie ein schönes Mädchen herbei. Das Mädchen ist untröstlich; aber die Wirtschafterin der Räuber sucht sie zu trösten, indem sie ihr das Märchen von Amor und Psyche erzählt. Der Esel hört mit Entzücken zu; er bedauert, es sich nicht aufschreiben zu können. In der Nacht versucht er, mit dem Mädchen zu entweichen; aber die Flucht mißlingt. Er muß mit dem Mädchen wieder in die Räuberhöhle zurück. Nun erscheint aber der Bräutigam des geraubten Mädchens bei den Räubern, und diesem gelingt es, nachdem er die Räuber trunken gemacht hat, mit seiner Braut und dem Esel zu entfliehen. Die Leidenszeit für den Esel ist damit aber noch nicht vorbei; er kommt noch in viele Hände, die ihn schinden und quälen. Schließlich zeigt ihm die Göttin Isis den Weg zur Erlösung aus seiner Eselsgestalt. Er schließt sich einer Prozession an und frißt dem Priester den Rosenkranz aus der Hand. Dadurch wird er wieder Mensch und widmet sich aus Dankbarkeit dem Dienst der Göttin.

Außer der köstlichen Erzählung von Amor und Psyche enthalten die Metamorphosen noch viele andere Geschichten und Erzählungen. Alle werden durch die Ich-Erzählung des Esels zusammengehalten. Dieser fühlt sich zwar körperlich als Tier, behält aber dabei seinen gesunden Menschenverstand und stellt über alles, was er sieht und mit seinen langen Ohren hört, die ergötzlichsten Betrachtungen an. Der Stil der Schrift ist eigenartig: er ist sehr geziert und schwülstig. Mit den Mitteln der Rhetorik, mit poetischen Wendungen und altertümlichen Worten sucht Apuleius Wirkung zu erzielen. Aber die Schönheit des Märchens von Amor und Psyche hat trotz des merkwürdigen Stiles nicht gelitten. Es hat in seiner reizvollen Art auf unzählige Geschlechter bis auf den heutigen Tag nachhaltig gewirkt und wird immer als eine Perle nicht nur der antiken, sondern der Weltliteratur überhaupt gelten.

Über Musaios

Von Musaios ist nichts weiter bekannt, als daß er „Grammatiker" gewesen ist. Alle Versuche, ihn mit einem anderen Musaios zusammenzubringen, sind fehlgeschlagen. Doch läßt sich wenigstens die Zeit, in der er gelebt hat, annähernd bestimmen. Musaios beginnt sein Gedicht mit denselben Worten wie der Epiker Nonnos sein Dionysosepos; auch sonst teilt er mit ihm manche stilistische und metrische Eigentümlichkeit. Diesen Dichter hat er sich also in Form und Sprache zum Vorbild genommen. Nonnos lebte gegen Ende des 4. Jahrhunderts n. Chr. Anklänge an Musaios finden sich nun wieder bei dem Dichter Proklos, der im Jahr 485 n.Chr. gestorben ist. Demnach kann Musaios nur in einem Zeitraum zwischen den beiden Dichtern gelebt haben. Man geht deshalb auch nicht fehl, wenn man annimmt, daß er um die Mitte des 5. Jahrhunderts tätig gewesen ist.

Die von ihm behandelte Sage verdankt ihre Entstehung einem außerhalb der Stadt Sestos, unmittelbar am Meere stehenden Turm; ihm lag ein zweiter Turm an der klein-asiatischen Küste gegenüber. Nur der sestische Turm hat von sich reden gemacht. Er führte nach seiner einstigen Bewohnerin, einer Priesterin der Göttin Aphrodite, den Namen „Heroturm". Diese Priesterin Hero hatte sich in ein Liebesverhältnis mit einem Manne aus Abydos, namens Leander, eingelassen, obwohl sie zur Keuschheit verpflichtet war. Nur kurze Zeit dauerte das Glück, und die Priesterin teilte das Schicksal eines frühen Todes mit ihrem Geliebten. Die Liebesgeschichte machte die beiden Städte berühmt; sie wuchs bald über die Bedeutung einer Lokalsage hinaus. Künstler und Dichter verherrlichten sie. Musaios kommt dabei das Verdienst zu, uns diese schönste antike Liebesnovelle erhalten zu haben. Er hat, wie einer seiner Bearbeiter (Ludwich) einmal gesagt hat, eine „zarte und liebliche, durch einen Hauch altgriechi-scher Charis beseelte Erzählung" geschaffen.

Die deutschen Verse sind eine Neubearbeitung der Übersetzung des Grafen Christian von Stolberg (1748 bis 1821).

Alkiphron

Hetärenbriefe

Diese erdichteten Briefe sind ein anmutiges und lebendiges Dokument für das Leben und Lieben der griechischen Frau. Herausgegeben und übersetzt von Wilhelm Plankl.

2. vermehrte und verbesserte Auflage
100 Seiten. Leinen RM. 3.—

———

Corpus iuris

Eine Auswahl der Rechtsgrundsätze der Antike. Übersetzt und mit dem Urtext herausgegeben von Rudolf Düll

Zum erstenmal wird dieses grundlegende Werk antiken Rechtsempfindens auch für den Laien zugänglich gemacht. Man bemerkt dabei mit Staunen, daß dieses Corpus nicht nur für die Geschichte des Rechts, sondern für Kulturgeschichte im weitesten Umfang hochinteressantes und fast unbekanntes Material birgt.

260 Seiten. Leinen RM. 5.50

VERLANGEN SIE DAS VOLLSTÄNDIGE VERZEICHNIS
DER ZWEISPRACHIGEN TUSCULUM-BÜCHER